T0282177

LAS PAREJAS DISPAREJAS

(VOL. II)

Juan Antonio Barrera Méndez

LAS PAREJAS DISPAREJAS
(VOL. II)

(Lo que une, lo que une y separa,
y lo que separa a las parejas)

EDICIONES OBELISCO

Si este libro le ha interesado y desea que le mantengamos informado
de nuestras publicaciones, escríbanos indicándonos qué temas son de su interés
(Astrología, Autoayuda, Psicología, Artes Marciales, Naturismo,
Espiritualidad, Tradición…) y gustosamente le complaceremos.

Puede consultar nuestro catálogo en www.edicionesobelisco.com

Colección Psicología
Las parejas disparejas II
J. Antonio Barrera

1.ª edición: octubre de 2023

Corrección: *M.ª Jesús Rodríguez*
Diseño de cubierta: *Enrique Iborra*

© 2023, Juan Antonio Barrera Méndez
(Reservados todos los derechos)
© 2023, Ediciones Obelisco, S. L.
(Reservados los derechos para la presente edición)

Edita: Ediciones Obelisco, S. L.
Collita, 23-25. Pol. Ind. Molí de la Bastida
08191 Rubí - Barcelona - España
Tel. 93 309 85 25
E-mail: info@edicionesobelisco.com

ISBN: 978-84-1172-059-5
DL B 15834-2023

Impreso en los talleres gráficos de Romanyà/Valls S. A.
Verdaguer, 1 - 08786 Capellades - Barcelona

Printed in Spain

DEDICATORIA

El presente libro está dedicado a los ángeles en el cielo, que son el faro de luz en mis días más oscuros. Mi amor incondicional para mi hermanita Cecy y mis padres: Canachos (Ignacio Barrera Hernández) y Chila (mi mami, Cecilia Méndez Arellano) de quienes aprendí: el amor incondicional a la vida, la disciplina y el compromiso al trabajo.

¡Gracias mil!

Ocupan un lugar muy especial mis hermanas: Lupita, Mago y Susy, quienes todos los días se interesan por mi persona y mi salud. ¡Las quiero mucho!

Un soporte muy importante en mi vida, sobre todo cuando más lo he necesitado por cuestiones de salud, ha sido mi cuñado, Filiberto. ¡Muchas gracias por tu apoyo!

Mi amor y compromiso para mi hijo, Yani Barrera, quien materialmente me salvó la vida. Me sigue acompañando en esta aventura llamada vida y llenando de satisfacciones con su desarrollo académico y crecimiento personal. Espero ser una guía y un ejemplo como lo fueron mis padres conmigo.

Mi amor en la distancia para mis hijos Mony, Manolo y Marco, quienes son parte de mi historia.

De la misma forma, mi reconocimiento a la labor profesional del Dr. Jorge Gerardo Sandoval Téllez, quien con su trabajo me dio una lección práctica de la unidualidad salud-enfermedad.

PRÓLOGO

Es interesante saber qué nos hace emparejarnos con alguien y decidir entablar una relación de pareja, qué nos mantiene juntos y qué termina con una relación

La elección de pareja es uno de los pasos más importantes en la vida de la mayoría de las personas. Sin embargo, a veces, esta elección se hace desde la ligereza: la atracción física y/o emocional, la idealización del otro o la otra, el amor a primera vista (explicado de manera extraordinaria por el autor en el primer volumen de *Las parejas disparejas*), desde nuestras propias carencias e inseguridades que nos conducen a estar con alguien que nos termina decepcionando y lastimando.

He escuchado muchas veces a pacientes, amigos, conocidos hacer, preguntas cómo: ¿Por qué siempre acabo eligiendo a un patán o a una aprovechada? ¿Será qué tengo mala suerte en el amor? ¿Por qué me trata mal, si yo lo trato bien? E, incluso, sale la frase matona del maestro Juan Gabriel: «Yo no nací para amar». Pero ¿acaso la elección de pareja se debe a una cuestión de suerte? ¡NO! Definitivamente no es así, va más allá de la SUERTE o de esperar a que se alineen los planetas para que ahora sí nos llegue el indicad@.

Las cosas serían diferentes si ANTES, repito ANTES, de relacionarnos con alguien, primero entendiéramos que el amor, el sexo, la belleza física no son suficientes para tener y mantener una relación de pareja; en segundo lugar, si nos diéramos a la tarea de conocer más sobre cómo funciona el amor, y, en tercer lugar, pero no menos importante, saber cuáles son los puntos ciegos que todos tenemos al empezar, permanecer o terminar una relación. Como dice el Doctor Barrera: «all you need is love KNOW» (Todo lo que necesitas es SABER). Así es, tener un conocimiento «científico» claro y sencillo nos ayudará a elegir con más cuidado nuestra próxima relación, o, si ya estamos emparejados, conocer las claves para mantener una relación sana, larga y sostenible en el tiempo, o bien, si por desgracia tu relación se volvió dispareja y estás pensando en dejarla, entender por qué a veces no es tan sencillo terminar e irte (aunque algunos digan que sí). La mayor parte de las veces no sucede porque se alberga la esperanza de que algún día la pareja cambie: «No es tan celos@, sobre todo cuando está dormid@ y tarde o temprano cambiará» (es curioso, las mujeres esperan que el hombre cambie una vez juntos y los hombres esperan que las mujeres no cambien una vez casados), por miedo a la soledad o el chantaje emocional, etc.

Las relaciones de pareja es un tema apasionante y complejo a la vez, estudiarlo desde la ciencia se ha convertido en un gran reto para los científicos.

Creo firmemente que, si todos queremos tener una relación de pareja sana, no queda más remedio que trabajar por ella todos los días y no dejarle toda la chamba a Dios, al universo, al destino y en el peor de los casos al otr@. Es importante, por no decir obligatorio, prepararnos con información científica y útil que nos ayude a distinguir un amor saludable de uno patológico, y en *Las parejas disparejas II* podemos encontrarla. El Doctor Juan Antonio Barrera nos brinda de manera clara y sencilla una investigación reciente, precisa y valiosa, que nos muestra otros ángulos de las relaciones de pareja (los puntos ciegos). Y, descuida, no tienes que ser investigador para entenderlo, el libro está escrito de una manera tan sencilla que todo mundo lo podrá comprender. La claridad expositiva es una virtud que se agradece en estos días ya que nos hace la vida más fácil.

Espero que este libro te ayude tanto como a mí, que sea una herramienta clave para entender algunos aspectos de las parejas y que te ayude a comprenderte mejor a ti mism@.

FIDELIA MARTÍNEZ CAMACHO
Doctora en Desarrollo Humano y Especialista en duelo

INTRODUCCIÓN

Siempre que aparece un libro más o menos especializado de algo, se corre el riesgo de que sea considerado como un manual de expertos para expertos. La presente obra no es un manual para expertos. Sin embargo, resume simplemente una pequeñísima parte del inagotable tema de las parejas: lo que une, lo que une y separa y lo que separa a la pareja.

De todo ello, viene el nombre de las parejas disparejas.

Las numerosas interpretaciones sobre el título anterior *Las parejas disparejas I* desató comentarios emocionales intensos y muy diversos. Sin embargo, fue cuidadosamente elegido al igual que éste, porque señala los puntos ciegos que tenemos en la unión y la separación de la pareja. Así como una fase intermedia cuyo resultado es la unión fortalecida o la separación con costos altos y altísimos.

«Si hubiera sabido esto, muy probablemente no me hubiera separado», «Si hubiera conocido el contenido de tu libro antes, no hubiera elegido a mi actual pareja», «Podría haber escogido mejor a mi pareja», «Me pasó lo mismo que comentas en tu libro», «Me dejé llevar sólo por la belleza y el precio fue muy alto», «Me di cuenta de que siempre repetía los mismos patrones con mis parejas», «No sabía que yo era la persona tóxica en la relación, por ser una buena persona». Éstos son algunos de los comentarios que hemos recibido en la difusión de la ciencia.

Seguimos elaborando algunas estrategias para hacer difusión de la ciencia, para crear conciencia. Como profesor e investigador, y como terapeuta, he implementado múltiples estrategias de investigación, docencia y difusión de la cultura. Entre ellas destacan, utilizando las actuales tecnologías: videoconferencias, artículos, *podcast, reels,* vídeos en YouTube, y seguimos intentando lograr un espacio para crear conciencia, a través de la ciencia. ¡Esto es, afortunadamente, mi proyecto de vida!

Una de las virtudes que encontrarás en este libro es identificarte con el contenido, sin ser identificado, como decía el destacado psicoanalista Igor Caruso, en su obra La separación de los amantes.

El universo de la pareja, en este nuevo intento de ver la complejidad de las relaciones con estrategias sencillas, «es mostrar diversas paradojas». La relación de pareja es un delicadísimo equilibrio, sí queremos vivir relativamente en paz y en crecimiento. En este tenor, aquello que nos acerca a la pareja (su atractivo físico, su bondad, la disposición en la convivencia, por ejemplo), puede ser la misma causa de conflictos y de la separación. Tal como sucede en el síndrome de la atracción invertida.

La consulta de muchas fuentes de información rompe con los libros de autoayuda. Éste no es un libro con esas características. Más bien es un libro de aprendizaje, de conocimiento y de autoconciencia que te permitirá iniciar el cambio contigo mismo. Con un formato muy sencillo.

Cuando se estrenó la canción de The Beatles «All You Need Is Love» (Todo lo que necesitas es amor) reinaba en los sesenta un clima que sigue permeando hasta nuestros días. «Todo lo que necesita una pareja es amor». Sin embargo, la experiencia, no sólo de vida, sino terapéutica, me demuestra que con el amor no es suficiente para mantener una relación. También se requiere saber o conocimiento. Por lo tanto, de forma complementaria podría decir: «All you need is know» (Todo lo que necesitas es saber o conocimiento). Amor y conocimiento será una mejor estrategia para dejar de ser pareja dispareja.

Siendo realistas, la conjunción del saber y el amor no garantiza al 100 % las relaciones de pareja, pero nos da una posibilidad más grande de éxito, si queremos vivir este apasionante viaje.

El lector encontrará a lo largo de las siguientes páginas información dividida en tres áreas, todas ellas imbricadas o relacionadas entre sí. Todo en el universo está conectado.

- **Lo que nos une y es el pegamento biopsicosocial:**
  — **Los besos:** *Pueden generar adicción, existe una ciencia que los estudia (filematología). Besar produce múltiples beneficios: pueden bajar los niveles de cortisol (hormona del estrés), te hacen lucir más joven, fortalece tu sistema inmunológico y te permite enfrentar algunas enfermedades. Hacen a las parejas más felices y satisfechas. Existen muchos tipos de besos y ellos producen cercanía, traición, erotismo, amistad o lejanía. También, «hay besos que producen desvaríos», como lo mencionaba la poetisa chilena Gabriela Mistral.* Por otra parte, existe también la fobia a los besos llamada filematofobia.
  — **El amor erótico y el amor compañía:** Dos tipos de amor diferentes (instinto/biología *vs* sociedad/ cultura) que pueden llevar a un proceso de estabili-

dad en la pareja, pero que pueden malinterpretarse y provocar la separación. Es la lucha de la gratificación postergada *vs* la gratificación inmediata. Sobre todo, al principio de una relación, es común sentir deseo, pasión, atracción, motivación, libido intensa, excitación, erotismo y atracción la mayor parte del tiempo. Es un proceso inicial intenso, el cual muchos quisiéramos que perdurara hasta el final de la relación. Buscamos en la belleza los mejores genes para trascender. Sin embargo, ¿es posible mantener este deseo? ¿Será el amor compañía una transición sana y una solución para las parejas que duran muchos años juntos? Confluyen en esta carretera del amor el erotismo (belleza y atractivo físico) y la compañía, como dos tipos de amor. ¿Cuál es más fuerte: la lucha de los instintos contra la parte más desarrollada del cerebro/corteza prefrontal? Descúbrelo en este interesante tema.

— **Las tres «ces» de las parejas sanas o saludables:** Es muy importante el atractivo físico que presenta una pareja y nos hace sentir mariposas en el estómago. Sin embargo, la belleza acaba. Y, frente a ello, la personalidad es un rasgo más estable para una relación más sana. Cuando existe la posibilidad de tener una relación más duradera, en general, los hombres piensan que su pareja es buena onda y que no cambiarán. Y las mujeres piensan que, si la pareja tiene aspectos negativos, ellas serán capaces de hacerlos cambiar. Ninguno de estos escenarios pasará. Una estrategia que puede ayudarnos a tener una mejor convivencia en pareja es aplicar las tres «ces» de las

16

parejas saludables. Todas ellas están relacionadas y al mismo tiempo funcionan como un sistema. Si movemos alguna, seguramente podemos tener resultados positivos para enfrentar diferencias y conflictos. *Comunicación: escuchar para proponer alternativas de solución y entender a la pareja. Además de expresarse de forma positiva. Confianza: Un elemento muy importante para ello, es considerar a nuestra pareja como nuestro mejor amigo o amiga. Compromiso: es pasar tiempo juntos, convivir y no competir. No es verse a los ojos, sino ver hacia el mismo destino.*

- **Lo que nos une y separa:** Algunos elementos que paradójicamente nos unen, pero también nos separan.
  - **—¿Por qué somos malos con las personas que amamos?** Difícilmente pensamos en hacer daño a las personas que amamos. Sin embargo, las relaciones se van desgastando por diferentes motivos. Puede haber acontecimientos graves como una infidelidad (existen muchos tipos, no sólo la sexual), y también otros menos graves, pero constantes. Es como la gota que llena el recipiente grande. Pueden presentarse episodios de violencia atenuada consciente o inconsciente. Las evidencias científicas muestran que las relaciones en las que ha habido desde el inicio algún tipo de conflicto, éstos se incrementan y se viven relaciones más desagradables, y terminamos lastimando a las personas que amamos. Los aspectos negativos constantes, aunque pequeños, van nublando la actitud positiva inicial de la pareja en la convivencia cotidiana. Así como otros elementos

más. La falta de dinero, una enfermedad, intrusión de terceras personas (familiares o no familiares). Otro más, que es muy interesante, es que el maltratador no se percibe como tal, pues se considera una buena persona a pesar de maltratar a quienes ama, ya que cree que tiene el derecho de cobrarle pequeñas facturas emocionales.

—**¿Por qué cuesta tanto dejar una relación?** Es casi imposible no pasar por la separación de alguna pareja, pero en ocasiones nos cuesta tomar la decisión de separarnos. El desgaste que tenemos en pareja es constante, pero imperceptible, descubrimos que ya no somos felices, hasta que finalmente se presenta la separación. Si llegamos al punto de decidir separarnos no es tan fácil como se piensa, porque se presentan algunas condiciones en la dinámica de tomar la decisión. Deshojar la margarita para decidir implica evaluar los aspectos positivos y negativos de la relación y ello lleva un tiempo, que muchas veces va de los siete meses a los cinco años. Otros nunca se separarán y vivirán en la incomodidad. Retrasa la decisión el hecho de sentir aún atracción por la pareja. Llegar a un par de acuerdos, aunque éstos no se cumplan. Acaba con el miedo a sentirse sol@. Y el miedo a la separación paraliza la toma de decisiones también. Por todo ello, tomar la iniciativa de irse o quedarse lleva un tiempo.

— **¿Por qué nos enamoramos de las personas malas?** La crianza en un ambiente positivo nos hace pensar que las personas son positivas, y viceversa. La neurociencia ha comprobado que la manera en que pensamos influye en la manera que sentimos. Y aquí es donde entra el síndrome de la atracción invertida. Alguien con una crianza en un ambiente negativo buscará a una persona que se ha criado en un ambiente positivo, con el fin abierto y determinado de hacerle daño. Sin embargo, la persona con pensamientos y sentimientos positivos, justo por el estilo de crianza que tuvo, podría no detectar una pareja mala o malvada. Se convertirá en un amor cóncavo y otro convexo. Será una relación dañina, en la que la persona mala tiene una gama de perfiles no homogéneos (chantajistas, celosos, psicópatas, sociópatas, narcisistas, etc.), pero que están orientados a generar el mal a la persona buena.

- **Lo que nos separa:** Existen otros factores que deliberadamente nos separan en la relación de pareja, además de hacerla compleja y complicada.
  — **Señales que obstaculizan la separación en la relación de pareja:** Los conflictos son normales, porque tenemos una crianza y valores en ocasiones muy distintos. Sin embargo, lo más sano sería, a pesar de las diferencias, tener la capacidad de enfrentarlas y continuar. En ocasiones, se presentan una serie de avances y retrocesos en la convivencia que llevan a la pareja a experimentar separaciones, temporales o definitivas. La separación viene aparejada no sólo con incertidumbre, sino con un gran dolor emocional que incapacita pensar objetivamente en la continuidad o no de la misma. Si somos presa de la propia personalidad, no alcanzamos a valorar si tenemos

una relación tóxica, y una emoción presente es el miedo a la separación. El miedo nos permite enfrentar, huir o quedarnos detenidos. Si optamos por esta última opción, el tiempo puede ser muy breve o incluso detenerse de por vida. En la interacción social, se vive un duelo social, en donde nos asocian a una pareja y muchas veces tampoco estamos preparados para enfrentar un duelo social, además del personal, y reconstruir nuestra propia personalidad después de la separación. Y eso detiene y dificulta. El miedo a la separación es real. Sin embargo, al tomar la decisión, tenemos la oportunidad de llevar a cabo proyectos que antes se pudieron quedar detenidos. En relaciones abusivas, podemos recuperar la paz y retomar nuestra vida, ya sea como solteros o casados nuevamente. El mejor remedio es cerrar los ciclos de vida en pareja que nos detienen y no nos dejan contemplar un mejor futuro.

—**Los celos o el trastorno celotípico delirante de la personalidad (es más fácil sentirlos que entenderlos):** Los celos se deben a múltiples factores, como vivir con unos padres celosos, baja autoestima, tener una relación tóxica o codependiente y más. Es la posibilidad real o simbólica de perder el amor del ser amado y quedar en el basurero de la historia de la pareja. No ser ni representar nada para la pareja. En ocasiones en la comorbilidad (cuando se juntan dos o más enfermedades) se suman otras condiciones mentales, como presentar delirios, obsesiones o el trastorno narcisista de la personalidad entre muchas más. Cada persona y cada relación de pareja los vive de forma única. Las emociones presentan reacciones: fisiológicas (arritmias o latido cardíaco acelerado, entumecimiento de pies o de manos, visión borrosa…), reacciones psicológicas (sentirse con baja autoestima, un autoconcepto deteriorado e inseguro para establecer una relación de pareja, por ejemplo) y reacciones conductuales (vigilar a la pareja o expareja, mostrarse intrusivo en su vida virtual, alejar a las personas con las que convive, en los casos más extremos y desafortunados, incluye el suicidio u homicidio). La multiplicidad de conductas asociadas a los celos la convierten en algo complejo. Por ello, es más fácil sentirlos que explicarlos.

— **El chantaje emocional y la manipulación de la pareja:** Siendo dos formas de anular a la pareja, funcionan cuando existe una conexión y sentimientos positivos hacia la media naranja o el alma gemela. Es influir en el otro, de tal suerte que pierda su voluntad y termine haciendo lo que el chantajista o manipulador desee. El manipulador y chantajista emocional puede asumir diferentes máscaras y estrategias de dominación, que van desde hacerse la víctima hasta ser muy agresivo para imponer su voluntad. Muchas veces, al igual que en los celos, son los otros quienes están a nuestro alrededor los que se dan cuenta de que somos víctimas de alguna persona manipuladora o chantajista. Una máxima en psicología es: crea culpa y ganarás. Por lo que el manipulador y chantajista se vuelve un experto en crearnos la culpa y, en caso de no aceptar sus peticiones, en general, está presente el abandono o la

21

amenaza de hacerse daño, hacernos daño o hacérselo a otras personas. Nos sentimos obligados a hacer caso, pues en general su cambio de personalidad (ser supersabio, mostrarse simpático, ser muy generoso o espléndido, dependiente o desvalido) nos impele a hacer lo que nos solicita. Se muestran demasiado buenos o malos. Sin embargo, si tenemos la valentía de enfrentar esta situación y darnos cuenta de estamos siendo chantajeados, nuestra vida puede dar un giro de 180 grados y podemos empezar a recuperar nuestra libertad.

Siempre es un reto abordar temas de ciencia y presentarlos de forma simple, con el afán de prevenir, educar, difundir y corregir el rumbo en la salud emocional de la pareja. Nuestro objetivo seguirá siendo la difusión de la ciencia para crear conciencia.

También incorpora una estrategia de programación neurolingüística para hacer más fácil y divertida su lectura. *Encontrarás información con letra cursiva que va dirigida a tu mente **inconsciente*** e **información en negritas para que sea captada por tu mente consciente**, además de que te sirve de resumen para avanzar hacia las partes más importantes.

Un aspecto adicional son las partes sombreadas como ésta, las cuales muestran algunas frases o reflexiones relacionadas con el contenido de cada capítulo. Incluye algunos testimonios, fragmentos de poesías, canciones, tips y recomendaciones que facilitarán entender tu vida en pareja.

Espero disfrutes de la lectura, tanto como yo disfrute al escribirlo. Saludos cordiales y bendiciones.

> *«La felicidad es interior, no exterior;*
> *por lo tanto, no depende de lo que tenemos,*
> *sino de lo que somos».*
> PABLO NERUDA

Datos de contacto
Psic. Juan Antonio Barrera Méndez
juan.antonio.barrera.mendez@gmail.com
Facebook Juan Antonio Barrera
Instagram doctorjuanantoniobarrera1
Clave Skype: juan.antonio.barrera.mendez@gmail.com
Twitter: @juanantonio6289

UNIÓN

CAPÍTULO 1

LA CIENCIA DE LOS BESOS

> *Hay besos que producen desvaríos*
> *de amorosa pasión ardiente y loca,*
> *tú los conoces bien son besos míos*
> *inventados por mí, para tu boca.*
> GABRIELA MISTRAL, poetisa chilena.

- **La filematología es la ciencia que estudia los besos.**
- *Los besos reducen los niveles de cortisol.*
- Un beso robado o mal dado puede predecir el fin de una relación potencial de pareja.
- **Los besos pueden generar una adicción tan potente como la cocaína.**
- *Se estima que los labios miden 1 centímetro cúbico y en el existen un millón de terminaciones nerviosas.*
- *Los labios son 100 veces más sensibles que los dedos.*

La ciencia de los besos es algo complejo y data del siglo anterior. *Muy probablemente ésa es la razón por la cual el concepto no aparece en uno de los diccionarios más importantes para la psicología*: el diccionario de la American Psychological Association (APA, 2010).

La filematología tiene un campo muy amplio de estudio, *y se enfoca en diversas e interesantes interrogantes: ¿qué son* *los besos?, ¿qué tipos existen?, ¿qué regiones están implicadas a nivel cerebral cuando besamos?, ¿qué mensajeros químicos se disparan en un beso? y ¿cuáles son los beneficios de darlos o recibirlos?, entre muchas otras interrogantes más.*

Un beso va mucho más allá que el acto de besar

*El primer beso
puede ser tan aterrador
como el último.*

Daína Chaviano

Una de las definiciones más simples de la psicología sostiene que es: «El estudio de la mente y el comportamiento» (APA, 2010, p. 410*). Es decir, la Psicología estudia todo lo que el hombre hace: llorar, dormir, pelear, amar, tener insomnio, colaborar con otros, pensar, olvidar, crear, percibir, ser fiel o infiel, rezar, estudiar el funcionamiento de la mente, estar sano, estar enfermo o besar, entre un gran universo de muchas más posibilidades.*

Por otro lado, de acuerdo con el Diccionario Larousse ilustrado (2003), **un beso: «es la acción de besar»** (Larousse, 2003, p. 152). **Sin embargo, el acto o la conducta de besar nos lleva a un sinfín de posibilidades interesantes, a una pluralidad de significados y conductas.** *No es el simple acto de hacerlo, pues la acción llevada a cabo puede ser o no, con el consentimiento de la otra persona*: es prácticamente irresistible para los padres no besar a los bebés; besamos a los amigos y familiares, en ocasiones, a los compañeros de la escuela o el trabajo.

28

Y, por supuesto, también lo hacemos con la pareja para demostrar cercanía, pasión, compasión, cuidados, aprecio, apego e incluso, cuando ya no los damos, implica prácticamente la muerte de la relación emocional.

Así pues, los efectos que se producen en quien da los besos y quien los recibe tienen múltiples interpretaciones e implicaciones. Es un concepto polisémico y una conducta multivariada.

Se dice que Judas vendió a Cristo con un beso, y en los casamientos cristianos, al final el padre dice: «puede besar a la novia». **Entonces, el simple acto de besar tiene connotaciones de traición, sociales, evolutivas, emocionales y de cambios fisiológicos interesantes.**

Son muchos los sitios en donde besamos a la pareja, el presente texto se centra básicamente en los besos en la boca.

El origen

> *Me habría gustado poder guardar*
> *ese beso en una botella*
> *y tomarlo en pequeñas dosis*
> *cada hora o cada día.*
> NICOLE WILLIAMS

En el estudio de los besos, no existen posiciones únicas completamente aceptadas por toda la comunidad científica. *Sin embargo, se cree que los besos han sido producto de la evolución de los primates y, posteriormente, del ser humano.*

Desde el hombre prehistórico, se piensa que cuando el alimento escaseaba o el único alimento disponible era demasiado duro para que los bebés lo consumieran, los padres se veían en la necesidad de premasticarlo para después dárselo a los hijos, predigerido. A esto se le llama «besos protoparentales» (Walter, 2010, p. 83). En un enfoque etológico animal, estas conductas son muy familiares en diversas especies en la naturaleza: el pájaro que lleva lombrices al nido y las reparte a las crías, o los pelícanos que regurgitan los peces que han cazado para alimentar a sus crías. En Asia, existen unos peces llamados besucones (gurami besador) por desplazarse y permanecer a ratos unidos por sus bocas.

Siguiendo ese proceso evolutivo, se piensa que los protobesos evolucionaron: para mostrar afecto a los bebés y después se practicaron con las parejas. **Sin embargo, el contacto con la pareja tuvo otro agregado más: los besos y el olor.**

En esta estrategia evolutiva, se piensa que los besos formaron parte intuitiva de un proceso para seleccionar a la pareja. El olor natural también es parte del instrumental en esta área.

En este segundo indicador de selección, no dependemos como otros animales del olor como lo hacen los insectos para localizar a un compañero a cientos de metros de distancia. Sin embargo, el olor tiene implicaciones interesantes en la selección evolutiva de la pareja y como una forma de placer. *Experimentos clásicos dan cuenta de que el olor natural del compañero, cuando es aceptado, significa que ambos tienen sistemas inmunológicos distintos (factor de histocompatibilidad) y, en caso de formar una pareja, la descendencia nacerá con un sistema inmunológico más fuerte. El olor a que se refieren estos experimentos es el sudor del compañero, como se puede leer más adelante.*

Otra variante que va entre el límite evolutivo y el placer gira en torno a la comunicación química:

- Entre mujeres que comparten la misma habitación, sincroniza los ciclos menstruales o la atracción de las mujeres por las camisetas usadas por los hombres, con residuos de sudor.

- «Las feromonas humanas podrían contener androstenol, un componente químico del sudor masculino que puede provocar excitación sexual en las mujeres, así como hormonas vaginales femeninas denominadas copulinas que, como han descubierto algunos científicos, aumentan los niveles de testosterona e incrementan el apetito sexual de los varones» (Walter, 2010, p. 83). El olor a copulina cuando queda impregnado en la ropa interior de la mujer (tanga, panty o panties, bikini, bragas, bombachas, bóxer femenino, cachetero y otros nombres, dependiendo del país) genera una parafilia llamada misofilia, la cual consiste en una atracción y gran excitación al oler o entrar en contacto con el flujo vaginal.

Un dato de la cultura japonesa interesante es que bajo el concepto de «Burusera» se comercian prendas sexuales femeninas usadas. *Son tiendas tipo sex shop, en donde los clientes encuentran diversas prendas como pantaletas u otros accesorios que han sido utilizadas por mujeres y, evidentemente, contienen su olor y secreciones (muy probablemente copulinas en el caso de las pantaletas).* Son prendas certificadas por el vendedor, en las que aparece la fotografía de la dama que la usó. Se entrega cerrada y sellada con el fin de conservar el olor. Es una práctica común y normal en ese tipo de tiendas.

Ello da lugar también a parafilias o patrones de conducta sexual singulares, donde la fuente de placer tiene variantes como: un objeto inanimado o una situación especial con una persona o personas. Y el deseo, la excitación y el placer depende de esas circunstancias. «La misofilia es una parafilia que consiste en una atracción y gran excitación al oler o entrar en contacto con prendas de ropa sucia, sobre todo cuando se trata de ropa interior y, generalmente, con algún resto de suciedad (semen, flujo vaginal, sangre…)» (Manzano, 2020). Regresemos al tema de los besos, y sus diferentes tipos.

Los tipos de besos

Un mundo nace
cuando dos se besan.
OCTAVIO PAZ

Existen un sinfín de tipos de besos y cada uno de ellos con características diferentes (cargados de pasión, sabor, libido, suaves, tibios, fríos, llenos de amor, ternura, lascivia o lujuria, felonía o traición, entre muchas más opciones).

- **Robado:** Puede ser un beso fugaz e intrusivo, que corre el riesgo de terminar la relación antes de iniciarla.

- **El beso francés:** Es el intercambio e inspección de lenguas y tiene una connotación completamente erótica.

- **El beso de piquito:** Los labios apenas se tocan y, generalmente, lo practican las parejas en un ámbito social cuando llegan a casa o se van. Algunos amigovi@s o amig@s con derechos también lo hacen.

- **Gentil en la boca:** Generalmente lo practican las personas o parejas que ya se conocen y mantienen una relación estable. Por lo que no les importa el contexto (público o privado) en donde lo dan o reciben.

- **Con los ojos cerrados:** En general, denota confianza en la pareja. Y con los ojos abiertos, desconfianza.

- **Con mordida:** Morder los labios es un beso más libidinal y de agresión controlada, cargado de pasión y lujuria.

- **Beso de muerto:** *Refleja mucho enojo en la pareja o incluso el fin de una relación, pues el beso es tan íntimo como una caricia. Implica sólo juntar los labios sin abrirlos y este tipo de beso denota la frialdad o lejanía con el compañer@.*

- **En el cachete:** Son besos más sociales que pueden tener algunas personas: parejas, amigos o personas que se acaban de conocer y que se dan siguiendo una tradición cultural. Es muy común en España (es muy frecuente dar dos besos en la mejilla para saludar) y en Italia, para saludar y despedirse.

- **En la cabeza:** Es común de padres a hijos, y viceversa. Significa respeto, cariño, amor profundo. Transmite confort, protección y estabilidad emocional a la persona.

- **De película**: Son casi como besos hollywoodenses, de larga duración e inclinando a la pareja hacia el suelo. Es parecido a la icónica fotografía tomada en Nueva York, en donde aparece un marino besando a una enfermera para celebrar el fin de la Segunda Guerra Mundial y la rendición de Japón. Por cierto, en el contexto, ambos no se conocían, por lo que más que un beso de película fue un beso que hoy podría denominarse de acoso sexual, pues ambos personajes no se conocían y sólo fue producto de la celebración del momento.

- **Chupetones**: *Son sumamente peligrosos pues pueden crear coágulos por la succión que se ejerce sobre la piel, si es en el cuello, puede abarcar desde afuera la succión de las arterias carótidas, por lo que pueden causar un coágulo y producir la muerte por un derrame cerebral.*

- **Beso en el lóbulo de la oreja**: No sólo es un arma de seducción, sino de contacto muy profundo de los amantes. Se besa el lóbulo de la oreja y se jala suavemente. Se asocia con la pasión y el deseo de complacer a la pareja.

- **Beso de ángel**: Se da en los párpados de la pareja, es amor puro y demuestra cariño para quien lo da y lo recibe.

- **Beso negro**: Para aclarar las cosas, ni es beso, ni es negro, pero así se le conoce. Es el acto de besar o acariciar con la lengua el esfínter anal del compañer@ sexual o pareja.

- **Besos al aire o lanzado con las manos:** Lo dan las personas que se despiden y se ven imposibilitadas de darlo en la cercanía. Expresa la emoción del beso ante la imposibilidad de tener contacto físico directo.

- **Beso en las manos:** Está asociado con el respeto (yo besaba la mano de mi abuela cuando iba a visitarla), la caballerosidad, la pasión y la amabilidad.

En el abanico de los besos, existen los que generan apego, erotismo, juego, cuidados, amistad, respeto (besar la mano) y van en una gama del primer encuentro, para llegar al final, pasando por el apego y el desapego. Existen muchos tipos más. *Cada beso tiene un significado distinto: dependen mucho del contexto sociocultural, de la zona corporal en donde se dan y de la persona que lo recibe.*

Se consideran en general por su función etimológica de los besos aspectos sociales (para consolidar o afianzar las relaciones de cercanía, apego o amor), los evolutivos (que sirven para disfrutar el sexo lúdico o reproductivo, ya que se dan con la intención de elegir una pareja) y los emocionales (asociados a la expresión de emociones positivas).

Datos curiosos sobre los labios y los besos

Las mujeres todavía recuerdan el primer beso después de que los hombres han olvidado el último.
REMY DE GOURMONT

35

- Se estima que en un beso se comparten de una boca a otra «entre 40 y 80 millones de bacterias inocuas. Aunque no lo parezca, la boca es un complejo ecosistema donde pueden vivir hasta 700 especies de bacterias». (*The Conversation*, 2022).

- En el centímetro cúbico que corresponde a los labios (Gándara, 2022), se concentran alrededor de un millón de terminales nerviosas. El pene tiene cuatro mil y el clítoris, ocho mil. Los labios son 100 veces más sensibles que las puntas de los dedos.

- **Los labios son como las huellas digitales: no existen dos iguales en el mundo.**

- *Activa 5 de los 30 músculos faciales del rostro, lo cual nos hace vernos más jóvenes.*

- Los músculos faciales activan diversos mensajeros químicos y diferentes zonas cerebrales: áreas motrices y las zonas de recompensa (núcleo caudado y área ventral tegmental). Lo que produce un placer que puede hacerse adictivo.

- Al besar, se quema aproximadamente una caloría cada dos segundos.

- **Con un gran beso la mujer puede lograr un esplendoroso orgasmo y el hombre puede tener una gran erección.**

- *El 13 de abril se celebra el Día Internacional del Beso.*

- Los encargados de estudiar los besos son equipos inter-disciplinarios: biólogos, antropólogos, neurocientíficos, sociólogos, psicólogos, médicos… Realizan un trabajo transdiciplinario, es decir, desde diferentes disciplinas se analiza el mismo objeto de estudio: los besos.

- En la escala filogenética, también se besan: «los chim-pancés, los elefantes, hasta los pájaros rozan sus picos». (Tucanaldesalud, 2020).

- El 90 % de la población mundial se besa, pero el 10 % restante no. «En 1897, el antropólogo francés d'Enjoy indicó que los chinos estimaban el beso en la boca algo tan horrible como podía ser el canibalismo para mucha gente». (Walter, 2010, p. 85)

Efectos externos e internos de los besos

Un beso
hace que el corazón vuelva a ser joven
y borre los años.
Rupert Brooke

Lo externo

- Con tan sólo ver la imagen de nuestra pareja o ima-ginarla, se dispara un cóctel completo de mensajeros químicos que te hacen sentir placer. Es tan adictivo como la cocaína. Es clásico el estudio de la antropóloga Helen Fisher al respecto, en su libro *¿Por qué amamos?*, al escanear cerebros enamorados. Fisher señala: «He llegado a la conclusión de que el amor romántico es un sentimiento universal, producido por sustancias químicas y estructuras específicas que existen en el cerebro». (Fisher, 2009, p. 69).

Lo interno

- Se disparan diversos mensajeros químicos:
  — **Feniletilamina:** Es la responsable de las mariposas en el estómago. Produce sobreexcitación emocional (alegría, euforia, optimismo y felicidad).
  — **Serotonina:** Durante el enamoramiento nos hace tener pensamientos obsesivos relacionados con la pareja. «Al igual que ocurre con una droga, el cerebro se habitúa a la serotonina y cada vez requiere una dosis mayor». (Zschimmer y Schwarz, 2022).
  — **Adrenalina:** Aumenta la tensión arterial y la glucosa. Es la responsable del incremento en los latidos cardíacos.
  — **Oxitocina:** Refuerza el vínculo amoroso y hace sentirse más unidos. Se libera con los abrazos, los besos, cuando hacemos el amor y durante el orgasmo.
  — **Testosterona:** Incrementa el deseo sexual. «En los hombres adultos, controla el deseo sexual, mantiene la masa muscular y ayuda a producir esperma». (*MedlinePlus, 2022*). La cantidad normal de testosterona para funcionar óptimamente es infi-

nitesimal, pero necesaria. Es el equivalente de una cucharadita de café, vertida en una piscina olímpica (50 metros de largo por 25 metros de ancho, aproximadamente 4 millones de litros de agua).

— **Dopamina:** Es la hormona del placer y nos hace sentir eufóricos de estar con la persona amada. Nos hace depender como una droga de él/ella y se activa la necesidad de estar o permanecer juntos. En su ausencia, nos llena de tristeza que nos lleva a la depresión y a la obsesión.

— **Endorfinas:** Son opioides o analgésicos naturales que reducen o eliminan el dolor.

— **Noradrenalina:** Incrementa la motivación y el aprendizaje. Por ello, nos vuelve más creativos, menos racionales y nos quita la sensación de hambre y sueño.

Como puede observarse, una vez activado el sistema de recompensa de forma integral, la persona actúa de manera similar que un adicto. Y, si la droga no existiera, entonces se activa también el dolor emocional, produciendo efectos adversos que van desde la ansiedad, la depresión leve a la aguda y en algunos casos, desafortunadamente, hasta el suicidio.

Beneficios de los besos

Es mejor perder amando,
que no haber amado nunca.

• **Refuerzan el sistema inmunológico y prolongan la esperanza de vida.**

- *Bajan los niveles de estrés (baja los niveles de cortisol).*

- *Aumentan momentáneamente la presión arterial y mejoran la microcirculación sanguínea.*

- *Aumentan la frecuencia cardíaca y queman alrededor de 26 calorías por minuto.*

- *Por la cantidad de bacterias que se intercambian en un beso con una dentadura y un estado sanos de salud, se mejora la limpieza dental.*

- **Son excelentes analgésicos naturales y reducen el dolor.**

- *Besar previene arrugas faciales y te hace lucir más joven. Es importante besar, besar y besar, cuando se tiene una pareja con salud mental y emocional, para continuar con el mismo círculo virtuoso.* **Así, por increíble que parezca, la pareja es también tu medicina.**

- *Un gran indicador que predice el fin de una relación de pareja es cuando los miembros dejan de compartir emociones, pero, sobre todo, cuando se terminan los besos. ¡Si estás pasando por una situación de estas características, acude a tu profesional de la salud de confianza!*

A manera de corolario

- **En lo positivo, los besos:** hacen a las parejas más felices y satisfechas. Generan más cercanía, confianza, pasión y erotismo. Refuerzan las relaciones emocionales y sentimentales. Son analgésicos naturales (mitigan el dolor físico y emocional). En general, se besa más a la pareja antes de las relaciones sexuales y menos después de ellas. El primer beso puede aumentar o disminuir la atracción sexual de la pareja. Besar a alguien es signo de apego. Aumentan tu autoestima y mejoran tu sistema inmunológico.

- **En lo negativo, los besos:** pueden transmitir virus o bacterias capaces de enfermar a la pareja o de transmitirle alguna enfermedad. Cuando disminuyen, desafortunadamente, es un signo poderoso de alejamiento, separación o divorcio. La filemafobia, es la fobia a dar o recibir besos, por el hecho de ser evaluado como mal besador. Puede desencadenar estados fisiológicos, psicológicos y sociales muy desagradables.

Referencias

APA (2010): *APA (Diccionario conciso de Psicología). El Manual moderno.*
Fisher, H. (2009): *¿Por qué amamos?* Taurus.
Gándara, J. (2006): «El lenguaje de los besos». https://psiquiatria.com/bibliopsiquis/volumen.php?wurl=el-lenguaje-de-los-besos
Manzano, J.M. (5 de julio 2022): «Parafilias poco comunes: Misofilia». www.nuevatribuna.es/articulo/sociedad/parafilias-poco-comunes-misofilia/2021102612530192171.

html#:~:text=La%20Misofilia%20es%20 una%20parafi
lia,flujo%20vaginal%2C%20sangre% E 2%80%A6)

MEDLINEPLUS (5 de julio 2022): «Prueba de niveles de testosterona». https://medlineplus.gov/spanish/pruebas-de-labora
torio/prueba-de-niveles-de-testosterona/#:~:text=La%20
testosterona%20es%20la%20principal,y%20ayuda%20a
%20producir%20esperma

THE CONVERSATION (5 de julio 2022): «¿Qué microorganismos
compartimos al besarnos?» https://theconversation.com/
que-microorganismos-compartimos-al-besarnos-167193
#:~:text=Como%20la%20boca%20est%C3%A1%20lle
na,de%2080%20millones%20de%20bacterias

TUCANALDESALUD (4 de julio 2022): «¿Sabías que el beso
tiene poder analgésico y fortalece las defensas?» www.
tucanaldesalud.es/es/tusaludaldia/articulos/sabias-beso-
poder-analgesico-fortalece-defensas#:~:text=Adem%
C3%A1s%2C%20cuando%20besamos%2C%20obtene
mos%20otras,el%20afecto%20y%20el%20cari%C3%
B1o

WALTER, CH. (2010): «Los labios que besan». *Mente y Cerebro,*
45 (1), 82-86.

ZSCHIMMER y SCHWARZ (4 de julio de 2022): «La química
del amor: no eres tú, son mis neurotransmisores». www.
zschimmer-schwarz.es/noticias/la-quimica-del-amor-no-
eres-tu-son-mis-neurotransmisores

CAPÍTULO 2

AMOR ERÓTICO O AMOR COMPAÑÍA: ¿CUÁL ES MÁS SEGURO Y CONFIABLE PARA LA VIDA EN PAREJA?

No quiero perderte,
pero no te quedes junto a mí
si la fuerza que te empuja
no te impulsa a donde ya estuvimos,
si tus pies no prefieren caminar
en dirección hacia nosotros.
MARWAN ABU-TAHOUN RECIO

Antecedentes

¿Son compatibles el deseo, la belleza, la pasión, la ternura y la compañía? *Si bien todos ellos tienen en común el concepto de amor, pueden ser lados distintos de la convivencia en pareja.* Incluso podrían ser polos opuestos, pero también pueden ser parte de un proceso de consolidación de la convivencia de la pareja a lo largo del tiempo.

En un primer momento, ser capturado por la imagen de una persona bella a cualquiera le enloquece. Y, bella desde el punto de vista del observador, no desde un ideal de belleza cultural y universal que además no existe.

En este sentido, la belleza y la atracción tienen no sólo componentes biológicos, sino también contextuales y temporales:

- *La piel blanca y sin imperfecciones es sinónimo de admiración y estatus social alto en Japón, Corea y en general en Asia.*

- *En Europa las mujeres altas, delgadas, cabello bien cuidado, con sujetadores de grandes tallas, y pieles bronceadas, además de tonificadas, son el ideal de belleza.*

- *Por otro lado, en «la tribu kayan de Tailandia, las mujeres alargan sus cuellos poniéndose numerosos anillos pesados de bronce, y cuanto mayor es su longitud, mayor será su belleza y elegancia»* (Periodista digital, 2021).

- «En Tayikistán, desde la antigua Roma y Grecia, tener una uniceja (al estilo Frida Kahlo) era algo elogiado por poetas y pensadores». (#Refugio Mental, 2019). Aún hoy en día las mujeres de esta región se pintan la ceja haciéndola ver como una sola, para lucir más atractivas.

La belleza es tan relativa como cada país, época y cultura con que se mira. *Y, de la misma forma, existe una doble singularidad para observar la belleza: una es la cultural y relativa a cada país, y otra el sello sensorial y perceptual, presente en cada uno de nosotros para contemplarla.* Contemplamos la belleza también desde nuestra personalidad (deseos y necesidades) y, por supuesto, desde nuestras patologías.

Por lo tanto, aunque hacer un análisis de esto es complejo, sí existen líneas generales que nos permiten determinar las fluctuaciones asimétricas (fealdad) y la simetría de la belleza subjetiva observada por una persona y su contexto.

¿Qué es el amor pasional y el amor romántico?

Lo peor, lo más terrible,
es que vivir sin él es imposible.
RUBÉN DARÍO

Imaginé llevarte...

Imaginé llevarte de la mano y encontré muchas respuestas.
Ante la pregunta: ¿Qué llena mi corazón?
Es acaso ¿tu sonrisa, tu compañía, tu cuerpo
o simplemente la calidez de tu silencio?
Hay recuerdos que son demonios o querubines cautivos.
A tu lado descubrí que el corazón no queda solo,
más bien se llena de olvido.
¡Y todo ello sucede..., sí los recuerdos se han ido!

JUAN ANTONIO BARRERA

A pesar de las diferencias de lo que nos gusta en cada país y en cada persona, partamos de un punto en común. ¿Qué entendemos por cada concepto?

Como se podrá analizar, el amor pasional y el romántico presentan una función metonímica (tener varios sinónimos) y polisémica (tener varias interpretaciones). ¡No te espantes, mi querido lector! Esto significa que existen diferentes sinónimos para interpretar el amor pasional; también es entendido como *amor erótico, amor sexual o amor apasionado.*

Polisemia significa que tiene diferentes interpretaciones: Algunos autores lo relacionan *con un deseo intenso, con pasión sexual superlativa o muy elevada, con el deseo de estar y tocar al ser amado o con un predominio del erotismo sobre la ternura.*

Éstas son algunas de sus definiciones del concepto amor pasional:

- «***Amor apasionado:*** Un estado de *deseo intenso de unión con otro*» (Franzoi, 2007).

- «***Amor apasionado:*** *Modalidad de amor en el que la pasión sexual y un grado elevado de excitación emocional son sus características destacadas … A los amantes apasionados, en general, les preocupa mucho la persona amada, quieren que sus sentimientos sean recíprocos y por lo común se angustian mucho cuando la relación parece fracasar*» (APA, 2010, pág. 24).

- ***Estilo de amor Eros, según Lee:*** «Para el amante perteneciente a este tipo, el amor es la actividad más importante en la vida. Hay *fuertes deseos de estar con y tocar al amado*; *el individuo anticipa placer en la relación*, va con sinceridad a ella, y no llega a ser posesivo o temeroso de posibles rivales: no sufre por amor» (Sangrador, 1982, pág. 19).

- «***Amor sexual:*** *Es el sentimiento en el que predomina el erotismo sobre la ternura y la espiritualidad.* **Cuando la atracción sólo contiene deseo físico decimos que ha ocurrido un falso enamoramiento**» (Orlandini, 2004, págs. 21-22).

Pasión, excitación, deseo sexual, libido, pulsión, instinto y motivación sexual serían las diferentes interpretaciones para describir este tipo de amor. Es importante señalar que el erotismo es uno de los principales componentes del enamoramiento y,, en ocasiones es el único elemento. *Corresponde al inicio de una relación romántica en pareja y es un amor menos seguro.*

En el caso del amor compañía sucede exactamente lo mismo. Veamos algunas definiciones conceptuales:

- «**Amor de compañía:** *Afecto* que sentimos por aquellos *con quienes nuestra vida está profundamente entrelazada»* (Franzoi, 2007).

- «**Amor-compañía:** Es un *apego profundo y muy afectuoso»* (Myers, 1987, pág. 476).

- «*Amor sociable o de compañía: Se encuentra frecuentemente en matrimonios en los que la pasión se ha disipado,* pero hay un gran cariño y compromiso con el otro. Suele suceder con las personas con las que se comparte la vida, aunque no existe deseo sexual ni físico. Es más fuerte que el cariño, debido al elemento extra que es el compromiso» (Wikipedia, 2020). De la teoría triangular del amor de Robert Sternberg «**el compromiso** sería la decisión de amar a otra persona y *el compromiso por mantener ese amor tanto en los buenos como en los malos momentos»* (Cores, 2021).

- **Amor ternura:** Se asocia con los conceptos de *dulzura, instinto maternal,* instinto erótico-protector, conducta de atención a los hijos y la sexualidad diatrófica (distorsionada) (Orlandini, 2004, pág. 23).

- «**Amor compromiso:** El compromiso es la decisión consciente de amar y mantener el amor por otra persona durante un tiempo determinado o para toda la vida» (Orlandini, 2004, pág. 33).

De la misma forma en la metonimia o sinónimo el amor compañía es compromiso, sociabilidad y ternura. *Y, en polisemia, sus diferentes interpretaciones son afecto, apego, cariño, compromiso por el otro, la decisión de amar en los buenos y los malos momentos, y la decisión de amar al otro para toda la vida.*

En resumen, el amor pasión domina más el erotismo que la ternura y el compromiso y, en el amor compañía, más la ternura y el compromiso que el erotismo.

¿Y si no me perteneces?

¿Se extraña la felicidad o se extraña el recuerdo?
En esa época, ¡no sabía que era muy feliz!
Y, sin tenerlo todo, realmente lo tenía todo.
Desconozco si la nostalgia es un tipo de paradoja
o es simplemente un truco de la naturaleza que te conecta
con otro ser humano, para recordarte que tú también eres
un ser humano.
Lo curioso de las paradojas es que, cuando tienes,
lo que tienes, ¡no lo valoras!

¡Y cuando tienes quieres más y más y nada es suficiente!
La vida pasa y muchas veces es tarde para regresar a
donde ya no perteneces, donde eres un recuerdo: callado,
sublime y lindo en el mejor de los casos.
¡Cuando no tienes, quieres! Y, cuando quieres, no puedes
o no tienes.
En fin, en la complejidad de tener o poseer,
muy probablemente, es mejor no pertenecer,
porque uno nunca se desprende de lo que no le pertenece.

JUAN ANTONIO BARRERA

¿Qué buscamos el amor erótico o pasional?

El amor de verdad
no tiene un final feliz...,
simplemente no tiene un final.

Si vives en Occidente y en algunas partes de Europa, sabes que las personas se sienten atraídas por algunos ideales de belleza y atractivo físico. En general, se presentan parcialismos sexuales; éstos son partes del cuerpo en donde se pone más atención que en otras en la actividad sexual: cara, ojos, dientes, cuello, pies, manos, piernas, nalgas/trasero/pompis, etc.

Los hombres se concentran en una cara y unos dientes simétricos, una figura atlética o en forma de reloj de arena, curvilínea, sin ser delgada, se fijan si las mujeres cuidan de su cabello, sus uñas (manos y pies), y buscan un tono de piel canela o bronceada. En el caso de las mujeres, los parcialismos se asocian a una cara simétrica, no infantil, un tono de voz grave, cuerpo atlético no exagerado, espaldas anchas, piernas fuertes, manos cuidadas, atentos, inteligentes y bromistas. Reitero que es una construcción cultural y no una regla universal.

¿Qué buscamos en el amor compañía?

Me enseñaste a vivir contigo,
pero ¿cómo vivo ahora si no estás aquí?

Aunque este tipo de amor se puede dar entre amigos cercanos, cuando se refiere a la pareja, busca la certidumbre en el amor y el respeto del otro. Le interesa una expresión máxima afectiva y sentimental, así como un compromiso mutuo, solidaridad, altruismo, compasión, toma de decisiones, objetivos en común (p. ej., envejecer juntos o tener proyectos conjuntos), el respeto y otros valores como seres humanos. El amor compañía es el triunfo sobre el amor instintivo basado este último sólo en los patrones de belleza y atracción física.

Datos curiosos y culturales del atractivo físico

Mi lugar favorito en el mundo es a tu lado.

En la paradoja de mi vida.
Ahí donde la realidad es fantasía y la fantasía realidad.
No sé si te quiero porque me gustas o me gustas porque te quiero.
Psic. Juan Antonio Barrera

«En el continente africano, las mujeres con sobrepeso son las más atractivas para el sexo opuesto ya que indica un estatus social elevado. En la mayoría de los pueblos africanos, la mujer es más bella cuanto más rapada lleve la cabeza». (Periodista Digital, 2021). *En la tribu masai de Kenia, son consideradas más bellas las mujeres que lucen los lóbulos de las orejas perforadas y adornadas. Lo mismo sucede cuando los labios están deformados y perforados, luciendo pequeños platos insertados en ellos.*

En Oceanía, los hombres y las mujeres del pueblo maorí en Nueva Zelanda resultan más atractivos si lucen tatuajes. **Las mujeres sólo se tatúan la barbilla y los hombres toda la cara.** *Cada diseño es único y forma parte de su personalidad y su historia.*

En Japón pocas personas usan aparatos ortopédicos para lucir una dentadura perfecta. **El concepto de «yaeba» es tener los dientes desalineados o amontonados de forma natural y se considera como sinónimo de belleza y ternura.** Descartan que sea necesario corregir lo que la propia naturaleza te da. Principalmente una dentadura de este tipo se observa en las mujeres.

«En Papúa Nueva Guinea, así como en algunos países africanos, existe una antigua tradición de realizar cicatrices en el cuerpo» (#Refugio Mental, 2019). Hombres y mujeres se someten a este tipo de rituales, en ambos casos, son prueba de su belleza. **La idea de belleza es muy diferente de una cultura a otra.**

El entrelazamiento entre el amor pasión y el amor compañía

Espero curarme de ti.
Espero curarme de ti en unos días.
Debo dejar de fumarte, de beberte, de pensarte.
Es posible. Siguiendo las prescripciones de la moral de turno.
Me receto tiempo, abstinencia, soledad.

JAIME SABINES

Como se puede observar, en conjunto, es un amor en el que predomina lo neurobiológico, lo biopsicológico y la psicología evolutiva, cuyo fin en ambos tipos de amor *es la reproducción (amor pasional) y el cuidado propio, de la pareja y de la descendencia (amor compañía). Buscamos, ambas cosas al elegir a la pareja más bonita o atractiva, intuitivamente vamos tras los mejores genes y trascender.*

No somos conscientes de ello, pero nos vemos impulsados por la testosterona y las hormonas del placer y la felicidad.

Este cuarteto está formado por:

- *las endorfinas:* son analgésicos naturales,

- *la serotonina:* regula el apetito sexual y se relaciona con el control de las emociones y el estado de ánimo,

- *la dopamina:* nos genera placer y el deseo de repetir aquello que nos gusta, y

- *la oxitocina:* nos provoca sentimientos de satisfacción, calma y seguridad, asociados a la unión con una pareja.

El amor erótico es de corta duración y el de compromiso, de larga. El amor de compañía es realista y de comprensión mutua. Mientras que el pasional es erótico e idealista. *El de compañía ve las imperfecciones de la pareja y es un amor de apego. El pasional oculta las imperfecciones y es sexual e instintivo. El amor de compañía busca la certidumbre, la solidaridad, el altruismo y el respeto. El pasional o erótico busca el placer que proporciona el sexo.*

Un aspecto muy interesante es que el amor erótico prende la llama del amor y, al mismo tiempo, puede consumirlo y apagarlo cuando no se le dota de novedad y tiempos de descanso o reposición del deseo.

Sin embargo, es más probable que, a pesar de ello, sirva como proceso para pasar en algunos casos al amor compañía o de acompañamiento, en donde es importante el deseo y la pasión, pero no como un componente principal. Un elemento encriptado a considerar en la extinción del amor erótico-pasional es la domesticidad: lavar la ropa, doblarla, planchar, ir al super, atender a los hijos, pagar las cuentas y hacer los quehaceres del hogar no resulta nada erótico, ni romántico.

«A medida que nos acostumbramos a una relación romántica, la frescura e incertidumbre del amor apasionado son reemplazadas por un tipo de amor más seguro y confiable (amor compañía), si es que el amor sobrevive» (Franzoi, 2007, pág. 468). El punto ciego en este apartado es que la pasión lo puede todo, pero tarde o temprano se extingue. **Sin embargo, puede ser el paso para el amor compañía, el cual puede ser más estable y puede ser combinado con amor erótico con la experiencia acumulada por la pareja.**

A manera de reflexión final

Los amorosos callan.
El amor es el silencio más fino,
el más tembloroso, el más insoportable.

JAIME SABINES

Sería deseable suponer que el amor pasional o erótico (amor bio-
lógico e instintivo) es la estrategia que nos tiende la naturaleza
para buscar una pareja, siendo el enganche inicial y la antesa-
la para pasar como proceso al amor compañía, el cual es más
seguro, confiable y duradero (es una amor social y cultural). A
largo plazo es más estable para hacerse cargo de la crianza de
los hijos en los cuidados físicos y la seguridad emocional, y la
antesala del nido vacío (cuando los hijos se van), para continuar la vida en pareja y envejecer juntos.

Ambos tipos de amor están mediados por las emociones y
la razón. El amor pasional-erótico es un amor mediado por la
alegría, y se asocia a sentir antojo, capricho, deleite, disfrute,
diversión, encanto, expectativas, éxtasis, fervor, fogosidad, gratificación, humor, inspiración, motivación, placer, regocijo y
vigor, cuyo líder son las zonas de recompensa del cerebro.

Mientras que, en el amor compañía-compromiso, intervienen las emociones asociadas al amor: aceptación, admiración,
afabilidad, afecto, apego, bondad, calidez, cariño, cercanía,
compasión, confianza, cordialidad, dulzura, empatía, estima,
fe, lealtad, paciencia, perdón, reconocimiento, respeto, sentimentalismo, simpatía, sociabilidad, sublimación y ternura.
Reguladas por la corteza prefrontal y lo que se conoce como el
cerebro social, encargado de controlar los impulsos.

El amor erótico pasional es más inmediato y gratificante (gratificación inmediata) y puede ser el puente para llegar al amor compañía. Sin embargo, llegar a este punto es más complejo porque implica una inversión a largo plazo cuyo premio, si se alcanza, es la gratificación postergada.

Cuando conocemos a una persona bella y atractiva, pero muy conflictiva e intuimos que podría generarnos más conflictos que una convivencia sana en el futuro, aun así decidimos quedarnos en esa relación, el punto ciego es la ceguera del amor y la miopía del futuro. Sabemos que la factura emocional y de convivencia puede ser muy alta, pero la gratificación inmediata de su atractivo nos atrapa, porque es un placer temporal garantizado, aunque el precio a pagar por ello más adelante sea muy alto.

Referencias

#REFUGIO MENTAL: (2019). «Los cánones de belleza en diferentes países del mundo» [On-line]. www.youtube.com/watch?v=hRrsJ4USa6g

CORES, N. (2021): «¿Qué es la teoría triangular del amor? Las siete formas de amar, según el psicólogo Robert Sternberg» [On-line]. www.20minutos.es/noticia/ 4686865/0/que-es-la-teoria-triangular-del-amor-las-siete-formas-de-amar-segun-el-psicologo-robert-sternberg/

FRANZOI, S. (2007): *Psicología social*. McGraw Hill.

ORLANDINI, A. (2004): *El enamoramiento y el mal de amores*. Fondo de Cultura Económica.

PERIODISTA DIGITAL (2021): «Belleza: los cánones en diferentes países y culturas del mundo» [On-line]. www.periodista

digital.com/magazine/belleza/20190627/canones-belleza-diferentes-paises-culturas-mundo-video-6894039 00132/

Sangrador, J.L. (1982): *Interacción humana y conducta social*. Editorial Aula Abierta Salvat.

Wikipedia (2020): «Teoría triangular del amor» [On-line]. https://es.wikipedia.org/wiki/Teor%C3%ADa_triangular_del_amor#:~:text=Amor%20sociable%20o%20de%20compa%C3%B1%C3%ADa,existe%20deseo%20sexual%20ni%20f%C3%ADsico

CAPÍTULO 3

LAS TRES «CES» DE LAS RELACIONES DE PAREJA SALUDABLES

«Rómpeme, mátame, pero no me ignores, no mi vida»
Canción del grupo español TRIGO LIMPIO

«El amor es el espacio y el tiempo medidos por el corazón».
MARCEL PROUST
(novelista y crítico francés, 1871-1922)

Antecedentes

Muchas son las formas de iniciar una relación de pareja: *Van desde la desilusión de una relación anterior; idealizar a la nueva pareja y fantasear con una relación que repare el dolor y las vivencias pasadas, sentirse solo, vivir en un estado de conciencia alterado (perdidamente enamorado), escuchar sólo nuestra voz interior, valorar de forma poco objetiva al ser amado, comenzar la esperanza de un nuevo amor, sentir que el sexo es maravilloso, huir de una relación anterior, lograr los objetivos de pareja que no pudieron realizarse con la pareja anterior (casarse, viajar, trabajar, estudiar, etc.), envejecer juntos, estar disponible en alguna red social, todos ellos pueden ser puntos ciegos si sólo proceden de la necesidad afectiva, social o psicológica de alguno de los miembros de la pareja.*

Cuando llegamos los científicos, descomponemos esa visión bonita, romántica, novelesca, idílica y de cuento de hadas, con princesas y príncipes.

El enamoramiento es un concepto complejo, polisémico (*tiene muchas interpretaciones*), **metonímico** (*tiene muchos sinónimos*), **en su descripción semántica y da como resultado una singularidad, entonces, cada persona lo interpreta y vive de forma única y distinta.** Esta forma única de vivir el enamoramiento nos afecta directamente a todos y cada uno de nosotros: **vivimos el enamoramiento de forma distinta con cada pareja.**

A ello, hay que sumarle el análisis multidimensional imbricado del amor, en donde intervienen muchas disciplinas científicas (psicología, psiquiatría, sociología, fisiología, etc.) y están relacionadas. A esto le llamamos transdisciplinariedad. Por ejemplo: la neurobiología explica que la dopamina secretada por el hipotálamo produce placer y ello nos hace sentir, pero no razonar. Como proceso neurológico, involucra a diferentes partes del cerebro: comienza con la corteza cerebral y posteriormente pone en interacción al hipotálamo, la corteza prefrontal, la amígdala, el núcleo accumbens y el área tegmental frontal. Estas áreas forman algo que se llama el circuito de recompensa y hace que disfrutes el enamoramiento como si fuera la comida más placentera o el viaje más bonito, metafóricamente hablando, por la sensación de plenitud y gozo que produce.

¡Esto es un poco aburrido si no eres científico!, pero no te desanimes, sigue leyendo.

Orlandini (2004) señala muchas otras formas de experimentar el enamoramiento:

- sexo más amistad, manifestación que proviene del deseo sexual,

- afinidad química amorosa, donde lo pequeño parece grande,

- locura del amor: ver al amado no como es, sino como desearía que fuera,

- no ver al otro como es y convertirlo en un ídolo,

- sensación de haber sido engañado,

- pasión, erotismo, ternura, dulzura, instinto maternal, comprensión mutua,

- ceguera del amor, cuando parece apagada la corteza prefrontal y sólo sentimos, pero no razonamos,

- satisfacción emocional al proteger y ser protegido.

Quien ha estado enamorado podrá estar de acuerdo en que vale mucho la pena sentir el éxtasis de este momento en la vida. Está bien sentir el enamoramiento. **Sin embargo, un mejor predictor de las relaciones de pareja sanas es fijarte en la sana personalidad de la pareja, ésa es más estable que todas las anteriores.**

Estar enamorados es una de las sensaciones más placenteras experimentadas por los seres humanos. Nos hace sentir fuertes, atractivos, motivados, con propósitos para vivir la vida, con energía para trabajar, estamos de buen humor. Y «todo comienza con una atracción física seguida de una atracción personal. El enamoramiento se dispara cuando existe el conocimiento o la sospecha de que hay o puede haber reciprocidad» (NatGeo, 2021).

¿Si vivimos un estado tan agradable, entonces, qué lo desgasta?

Lo mejor es no intentar comprender el amor,
cuyo carácter inexorable e inesperado
parece regido más bien por leyes mágicas
que por leyes racionales.
MARCEL PROUST, novelista y crítico francés.

No te dejes perder por alguien
a quien no le importa perderte.
ANÓNIMO

En principio parece inexplicable pasar de un estado casi perfecto a una situación conflictiva que pudiera llevarnos al otro extremo y separarnos. La separación nos lleva a varios escenarios: odiar al ser amado, sentir indiferencia, dejarle en indefensión (sin defensa, ni protección), quedar profundamente dolidos (con dolor emocional) y, en muchos casos, a sentirnos defraudados y con las expectativas rotas. Muchos investigadores coinciden que es una de las experiencias más traumáticas y dolorosas que podemos experimentar. Los psicólogos Thomas Holmes y Richard Rahe crearon a finales de los años sesenta del siglo pasado una escala en donde los puntajes más altos están relacionados con la interacción de la pareja, por ejemplo, la muerte de la pareja, el divorcio y la separación de la díada.

Una paradoja muy interesante es suponer que, la mayoría de las veces, aquellos lazos que nos unieron sean los mismos que intervengan para separarnos. Pues bien, esta visión idealizada termina por diferentes motivos. Una de estas explicaciones se relaciona con algo que en psicología se llama «distorsiones cognitivas», lo que también se convierte en puntos ciegos en la relación de pareja. «Es un pensamiento, percepción o creencia defectuosa o inexacta» (APA, 2010, pág. 148). Existen muchas distorsiones cognitivas: pensamiento de todo o nada, personalización, falacia de recompensa divina, abstracción selectiva, maximización y minimización, lectura del pensamiento, negación, entre muchos otros.

Pensemos en dos extremos, pero hay muchos más. Uno muy positivo: ver solamente lo bueno causa una visión parcial del otro. **Creemos que la otra persona nunca va a cambiar. Al menos ésta es la visión de los hombres cuando conocen a una pareja potencial. Y, en el caso de las mujeres, suponen que podrán hacer cambiar a la pareja sus aspectos negativos con la fuerza de su amor. Lamentablemente, ninguno de ambos escenarios sucede.**

Como seres humanos, todos tenemos virtudes y defectos y cambiamos a lo largo del tiempo. Y esto es una **distorsión cognitiva** que se llama **negación,** *cuando no se acepta la realidad anterior. Sólo vemos lo bueno, sin pensar que también hay cosas malas; en nosotros y en la pareja.* Otra distorsión más se conoce como **la falacia de recompensa divina,** *pensamos que los problemas pueden arreglarse por sí solos, sin la necesidad de discutir y en ocasiones intentamos olvidarlos.* Otra más, aunque existen muchas, es la **maximización y minimización**:

dejamos pasar cosas que no nos gustan y las minimizamos. A todo ello, un cerebro emocionado en lo positivo no piensa, sólo siente, perdona, minimiza los errores o niega las cosas desagradables. *Cuando las parejas se llevan más o menos bien, estas distorsiones juegan en su contra y suponen que ya pasarán y se arreglarán las cosas.*

En lo negativo, cuando las parejas no se llevan tan bien, se presenta una miopía del futuro, además de alguna de las distorsiones anteriores. El evento es complejo, pero la explicación, muy simple. *En lo complejo, no alcanzamos a ver que, si hay malos tratos desde el principio, lo más probable es que también éstos se harán presentes en el futuro. En lo simple, pero que no lo podemos ver, es que, a pesar de que la relación no es o no ha sido gratificante, decidimos quedarnos, con las consecuencias que ello genera.*

En el camino, lo bueno y lo malo se juntan. *Las condiciones para vivir en pareja son muchísimas, sin embargo, nos pueden llevar a convertirnos en parejas disparejas. ¿Por qué nos convertimos en pareja dispareja y esto puede llevarnos a la separación, o al divorcio?*

Para saber si nuestra relación de pareja es sana, necesitamos mirar hacia atrás y saber si dejamos pasar conflictos, ya sea porque evaluamos de forma muy positiva a la pareja o porque, en la paradoja, los conflictos no nos permitían ver, que teníamos conflictos desde un inicio (miopía con respecto al futuro). **Otro elemento que complementa la miopía del futuro es el miedo al autoconocimiento.** Es mejor comer un buen plato de la comida favorita, que enfrentarnos a nosotros mismos. Al menos es lo que algunas investigaciones nos revelan. «La mayoría de las personas no disfrutan de sólo pensar y claramente prefieren tener otra cosa que hacer… **La gente prefiere hacer a** pensar, incluso si lo que están haciendo es tan desagradable que normalmente pagarían para evitarlo… «*A la mente no instruida no le gusta estar sola consigo misma*» (Wilson, *et al.*, 2014).

Los problemas de pareja pueden haberse presentado desde el principio de la relación y no ser detectados a medida que ésta avanza. La presencia de terceras personas como los suegros, la familia o los amigos puede desgastar también la relación.

«Algunos autores (Lavner, Karney y Bradbury, 2014) sostienen que los conflictos maritales aumentan durante los años de recién casados, mientras que otros sostienen que los problemas de pareja se mantienen estables.

Las parejas que han sido poco amorosas desde el principio y han sido conflictivas tienen una alta probabilidad de mantener esa misma actitud más adelante. «*Las parejas que conforman sentir una mayor desilusión en la relación muestran una disminución en el amor que se refleja en menos afectos y mayor tendencia al divorcio*» (Houston, Caughlin, Houts, Smith y George, 2001).

En general, cuando ya se tiene un prejuicio y la relación de pareja resulta muy desgastada, es más difícil revertir el rumbo, aun haciendo muchas cosas muy positivas. La respuesta a ello también la podemos encontrar en otra investigación llevada a cabo por Paul Rozin (2001), «Sugerimos que una característica de los eventos negativos que los hace dominantes es que **las entidades negativas son más contagiosas que las entidades positivas**». *Entonces, cuando la relación pasa a un punto de inflexión irreversible, puede que ya no haya nada por hacer para rescatarla, pues pesará más lo negativo que lo positivo.*

¿Cuáles son las tres «ces» para mantener sana una relación de pareja?

*Una relación debe basarse en una buena **comunicación, el respeto y la confianza**.*

La paradoja de las emociones

El momento del primer beso es inolvidable e inefable.
Ser despedido de un trabajo es humillante y vergonzoso.
El precio que pagamos por experimentar las emociones
va de lo sublime a lo grotesco.
En el amor romántico, verse en los ojos del amante
es una de las experiencias que nos une
y nos pierde en nuestras expectativas,
y nuestros ideales,
y sin ser conscientes de ello, se los depositamos
a la pareja.
En lo ridículo pagamos muy caro el contacto.
Mi lado racional, piensa: ¿Y si mi pareja me traiciona?
¡Nunca se lo perdonaría!
Sólo quien ha vivido esa experiencia de dolor,
de trauma, de ira y de abandono
¡sabe de lo que estoy hablando!
Sin embargo, las emociones nos llevan al camino
de la serendipia.
¿Cuál es el límite entre las emociones positivas
y negativas?
¿Podemos enfermar de emociones positivas?

> ¿Y si me he vuelto adicto a mis propias emociones
> negativas?
> Generalmente, una emoción negativa eclipsa
> a una positiva.
> Pero, en las relaciones de codependencia, la esperanza
> de que vuelva tan sólo
> una emoción positiva eclipsa el mar de emociones
> negativas recibidas.
> Y nos condena eternamente a vivir con una persona
> tóxica y como una persona tóxica.
>
> JUAN ANTONIO BARRERA MÉNDEZ

Aunque existen muchas definiciones relacionadas sobre las tres «ces», a continuación, encontrarás el significado global de ellas, con el fin de ser una guía: **c**omunicación, **c**onfianza y **c**ompromiso.

«Comunicación en pareja *es el proceso de producción, emisión y procesamiento de mensajes verbales y no verbales que permiten compartir significados entre personas, de tal manera que forman, mantienen y modifican pautas de interacción durante las relaciones sociales y personales».* (Villanueva, Rivera, Díaz y Reyes-Lagunes, 2012).

«Confianza es una de las llaves *que abre la intimidad y significa un modo de ver a la pareja, de la cual se cree que es buena e incapaz de ocasionar daño, despojo o traición. La confianza resulta un componente del amor maduro y del matrimonio sano y funcional»* (Orlandini, 2004, pág. 29).

«**Compromiso es** *la decisión consciente de amar y mantener el amor por otra persona durante un tiempo X o para toda la vida. Los criterios del convenio pueden ser diferentes para cada miembro de la pareja: para uno la obligación debe durar mientras se mantenga la pasión, para otro el compromiso debe mantenerse hasta el final de la vida*» (Orlandini, 2004, pág. 33).

Si deseas mantener sana tu relación de pareja, te sugiero que pongas atención en las siguientes conductas:

La calidad reflejada en ellas podrá predecir el equilibrio o el desequilibrio en tu relación. Se exponen los conceptos y algunos puntos. No están acabados y cada persona tendrá su toque personal en cada uno de ellos. Por lo tanto, son distintos en cada persona y en cada pareja, pero guían su crecimiento. Lo importante es sacar la mejor versión de cada uno.

- **Comunicación: Escuchar a la pareja para arreglar, no para discutir.** *No suponer lo que te quiere o quiso decir. Ser empátic@ y ponerse en el lugar del otr@. Preguntar lo que le gusta y lo que le disgusta. Contar con un plan A, B o C y tantos como sean necesarios para resolver las diferencias. Ser conscientes de que no siempre se podrá resolver todo.* Compartir la vida cotidiana. Evitar mezclar muchos temas y concentrarse en un solo punto para ir resolviendo poco a poco lo pendiente. **Expresarse de forma positiva, sin agresiones.** *Hablar sobre las circunstancias y no sobre las personas, pues existe el riesgo de agresión. No etiquetar o encasillar a una persona con categorías negativas.*

- **Confianza en la pareja: Es importante considerar que en algunos aspectos somos diferentes, y eso nos**

hace distintos, no distantes. *Hay que destacar lo bueno de la pareja (emociones, actitudes, lenguajes del amor, inteligencia, etc.). Evitar arreglar las cosas cuando se encuentren fuera de control emocional, pues las emociones nublan nuestra visión como personas y como pareja. Sentirse en la libertad de expresar emociones, pensamientos y sentimientos:* **Practicar la inteligencia emocional.** *Buscar la coherencia entre los pensamientos, los sentimientos y las acciones. Tener la humildad de ofrecer disculpas y pedir perdón. Evitar las mentiras y los engaños. ¡Cumplir las promesas!* Un elemento muy importante para saber si confiamos en nuestra pareja es considerarla como nuestr@ mejor amig@.

- **Compromiso en la relación: Buscar un tiempo para pasar en pareja, independientemente de los amigos, los hijos o la familia.** *Saber que no hay ganadores y perdedores, sólo personas que conviven. Es importante saber que se puede tener objetivos similares o conjuntos y también objetivos personales, y eso no atenta contra la pareja.* **El compromiso también implica respeto por la pareja y sus ideas, a pesar de las diferencias.** *Orientar la convivencia en los valores: honestidad, respeto, responsabilidad, reciprocidad, ética, solidaridad, compasión, etc. Apreciar los esfuerzos de la otra persona.* No es verse a los ojos, sino mirar hacia el mismo destino, como se expresa en *El Principito*.

Todos los elementos de las tres «ces» están relacionados y funcionan como sistemas interconectados o imbricados. Por lo tanto, el cambio en uno de forma ambivalente impactará en lo positivo o lo negativo en los otros.

Reflexión final

Como dicen los sabios,
el beso es también una forma de diálogo.
¡Conversa con tu pareja!

Si me vas a callar…

El tiempo, ese gran enigma …
¡Que pasa lento en la adversidad!
¡Que pasa rápido en el placer!
¡Que pasa sin prisa en el aburrimiento!
¡Que se detiene en las cosas negativas
del pasado!
¡Que duele en la nostalgia!
¡Que nos acerca brevemente!
¡Que nos aleja en el contacto, y nos mantiene
cautivos en el limbo del conflicto!
¡Que resuena como mil y tantas voces
en el eco de tu ausencia!
¡Que nos calla en los gritos y reclamos!
¡Que termina poniendo distancia y vacío!
¡Que nubla las cosas buenas y las desaparece!
Si el tiempo es la causa de todo, entonces también…
si me vas a callar: ¡cállame la boca con tu ausencia
o simplemente con un beso!

JUAN ANTONIO BARRERA

Son puntos ciegos que van formando parejas dispare-
jas: *El amor a primera vista, las valoraciones positivas y negati-*
vas de la pareja, las distorsiones cognitivas, la ceguera del amor,
la miopía del amor, la ceguera al futuro, y muchos más.

Hay un dicho en México que dice: «El león cree que todos son de
su misma condición». En la confianza podría tener mucho sentido.
Las personas que han recibido desde la niñez ternura y han sido
educadas sin odio o rencor tienden de manera natural a esperar lo
mejor del otro. En la interacción social negativa, desde la familia,
también se espera esto: es normal vivir en constante conflicto.

«La comunicación es importante en la relación de pareja, dado que a partir de ésta se definen el sistema conyugal, los roles, la percepción, las jerarquías y los comportamientos» (Villanueva, Rivera, Díaz y Reyes-Lagunes, 2012).

El compromiso en la pareja incluye también reglas de fidelidad (p. ej., fidelidad sexual, financiera, afectiva, etc.), el cuidado y la crianza de los hijos, la distribución del dinero y el poder, y el grado de dependencia e independencia de ambos miembros de la dupla.

La información presentada es una guía, y no un decreto
escrito en piedra, para ayudar en las relaciones de pareja.

Si no sabes cómo hacerlo, consulta a tu terapeuta de confianza.

Referencias

Houston, T. L.; Caughlin, J. P.; Houts, R. M.; Smith, S. E. & George, L. (2001): «El crisol conyugal: años de recién casados como predictores de deleite marital, angustia y divorcio» [On-line]. https://psycnet.apa.org/record/2001-16163-005

Lavner, J.A.; Karney, B.R. y Bradbury, T.N. (2014): «Problemas de relación durante los primeros años de matrimonio: ¿estabilidad o cambio? [On-line]. https://pubmed. ncbi.nlm.nih.gov/25150369/

NatGeo (2021): «¿Por qué nos enamoramos? [On-line]. www.nationalgeographic.es/ciencia/por-que-nos-enamoramos

Orlandini, A. (2004): *El enamoramiento y el mal de amores.* Fondo de Cultura Económica.

Rozin, P. (2001): Sesgo de negatividad, dominancia de negatividad y contagio [On-line]. https://journals.sagepub. com/doi/10.1207/S15327957PSPR0504_2

Villanueva, G.B.; Rivera, S.; Díaz, R. y Reyes-Lagunes, I. (2012): «La comunicación en parejas: desarrollo y validación de escalas». [On-line]. www. scielo.org.mx/scielo.php? script=sci_arttext&pid=S2007-48322012000200010

Wilson, T. *et al.* (2014): «Sólo piensa, los desafíos de la mente desconectada» [On-line]. www.ncbi.nlm.nih.gov/pmc/articles/PMC4330241/

UNIÓN- SEPARACIÓN

CAPÍTULO 4

¿POR QUÉ SOMOS MALOS CON LA PERSONA QUE AMAMOS?

> *Ni la ausencia de amor implica el odio,*
> *ni la ausencia de odio garantiza el amor.*
> BRIGITTE VASALLO

Antecedentes

Para el ojo del observador común, podría ser sorprendente en el tema de las relaciones de pareja pensar que alguien a quien daríamos todo por amor, que nos miró a los ojos, nos susurró al oído cosas lindas y juraba que estaría eternamente con nosotros pudiera hacernos daño de forma deliberada. Esto implica una contradicción.

Pues bien, el análisis consciente de las paradojas de la vida podría situarlo en la época de Leonardo da Vinci. En el maravilloso libro de Michael Gelb, titulado *Inteligencia genial*, el autor describe la forma como el genio del Renacimiento pensaba, resumiendo su intelecto en siete principios leonardinos, entre los cuales destaca el *sfumato*, que literalmente significa volverse humo. **«Es la disposición para aceptar la ambigüedad, la paradoja y la incertidumbre»** (Gelb, 1999, pág. 156). Una forma de analizar con un formato científico el pensamiento paradójico desde el punto de vista de la psicología social se presenta en la figura de **Leon Festinger**. Su teoría de la disonancia cognoscitiva «**propuso que, aunque podemos parecer lógicos en general en nuestro pensamiento y comportamiento, con frecuencia mostramos un comportamiento irracional y desadaptativo para mantener la consistencia cognoscitiva**» (Franzoi, 2007, pág. 195). *Que no se preocupen los no especialistas, puesto que esto lo explicaré más adelante con palabras más simples.*

En un acto de economía mental, tendemos a simplificar el entorno en opuestos: día-noche, amor-odio, frío-caliente. Y todo esto nos parece incuestionable. Simplemente, nos parece natural y lo damos por hecho. **Conscientemente, es difícil imaginar amar a una persona hasta el alma y al mismo tiempo hacerle daño**.

Una conducta paradójica en el «amor» falso la observamos en el síndrome de Estocolmo. Una persona se enamora de su captor; la persona que le hace daño. Pero ése no es el caso de las conductas que analizamos ahora.

En los principios leonardinos, el sfumato, *es una habilidad que soporta la tensión de los opuestos y con ello acepta la incertidumbre, la ambigüedad y la paradoja. En un claro ejemplo de ello, el genio italiano analizó la belleza y fealdad.*

Entonces, de entrada, podríamos pensar que es un tanto imposible que el amor intenso sentido por el ser amado nos lleve, en vez de protegerle, a violentarlo. En donde el motivo de nuestras motivaciones y poesía gatille la violencia.

Pues bien, existen varios detonadores que nos llevan a ello: **metafóricamente hablando, cuando el corazón se siente irritado, no somos la mejor versión de nosotros mismos.** *Tampoco somos la persona más afable cuando criticamos y menospreciamos a la pareja.*

¿Qué desgasta el amor y nos lleva a la violencia atenuada con respecto a la persona que amamos?

Amar no es mirarse el uno al otro,
sino más bien mirar ambos en la misma dirección.
Antoine de Saint-Exupéry

Son varios los factores presentes: la falta de empatía en ciertos momentos de convivencia, la falta del dinero, padecer alguna enfermedad física, ser presa del estrés de la vida cotidiana, tener mal humor, sufrir algún trastorno emocional (p. ej., angustia, ansiedad, depresión), tener una comunicación financiera deficiente, sentir que la pareja rompió con las expectativas de compromiso mutuo, pequeñas facturas emocionales pendientes no resueltas. Bien, pues de eso trata este texto. Estos factores no son tan graves como para propiciar una separación, pero sí para mostrar un cierto grado de violencia atenuada, aunque inconscientemente declarada contra la persona amada. *Muestra su condición de ser pareja dispareja.*

Las evidencias encontradas en las investigaciones

Lo que se hace por amor,
está más allá del bien y del mal.
Friedrich Nietzsche

Existen evidencias que nos muestran las razones por las cuales lastimamos a las personas que amamos. *No se descarga una furia incontrolable como sucede en los episodios de celoti-*

pia. **Sin embargo, quienes justifican este tipo de acciones en las parejas que reciben maltrato destacan llegar a sentir episodios de aversión, el desencanto de sentir rotas las propias expectativas con la pareja o recibir alguna sorpresa desagradable, la pérdida de la ilusión inicial, cuando ya no existen eventos positivos que generen placer y novedad, el mostrar un compromiso cada vez más reducido en la relación, sentir una amenaza real o simbólica de exclusión en la díada,** *como lo demostró Miller (1997).*

Un hecho interesante de esta paradoja se presenta en dos vías por parte de la pareja que maltrata: si existen personas externas a la pareja, les brinda más atenciones a ellas, o pueden mostrar atenciones positivas en presencia de familiares o extraños únicamente cuando esos terceros están presentes. Esto es más común de lo que uno imagina.

La presencia de un trastorno físico o mental

El hecho de ser honestos
es lo que hace que las relaciones perduren.
Lauryn Hill

Otra condición diferente en el maltrato de la persona que amamos se da cuando el maltratador experimenta algún tipo de trastorno físico o mental. *Por ejemplo, en el caso de experimentar como síntoma angustia al no sentirse bien, una reacción inconsciente es desahogarse de forma negativa con la pareja.* Es importante tener en cuenta que la angustia es un síntoma común en la ansiedad y la depresión. **Por otro lado, cuando una persona enferma siente dolor o se siente inca-**

paz de ser independiente y valerse por sí misma, es común en el desgaste, el maltrato a la pareja.

La reacción de las parejas angustiadas y la reacción de violencia atenuada con la pareja fue estudiada por Birchler et al. (1975), quien encontró que estas parejas experimentan menos placeres y más desagrados, y se involucran en menos aspectos positivos en las conversaciones informales y la resolución de problemas. Muy probablemente esta misma condición de maltrato atenuado se presente también con otros trastornos emocionales e incluso cuando se experimentan situaciones con grandes dosis de estrés como quedarse sin empleo, sufrir problemas económicos o tensiones diversas de la vida cotidiana.

Cuando el dinero escasea, ¿el amor se convierte en maltrato?

*La magia del primer amor
es la ignorancia de que puede tener un final.*
BENJAMIN DISRAELI

El maltrato atenuado por razones económicas muy probablemente confirma el dicho de que «cuando el dinero escasea, el amor sale por la ventana». Existen evidencias científicas al respecto en relación con la comunicación financiera y su importancia de hablar sobre este complejo tema: «Los mensajes constructivos sobre conflictos financieros se asociaron positivamente con la armonía financiera, la satisfacción conyugal y la satisfacción con la comunicación financiera. *Los mensajes de conflicto financiero destructivos se asociaron negativamente con la armonía financiera, la satisfacción marital y la*

77

satisfacción de la comunicación financiera». (Shebib y Cupach, 2018). **Dicho con palabras simples, necesitamos hablar de los temas financieros positivamente para buscar soluciones y no dar lugar a maltratos, insatisfacciones y conflictos.**

Damos por hecho que la persona que lastimamos, por el amor que nos ha dado y la microfractura de expectativas y de sueños, «estará ahí incondicionalmente» y, por ello, sentimos la confianza de llevar a cabo esta violencia atenuada. Sin embargo, posteriormente, si la relación llegara a un punto de inflexión y de no retorno, las acciones positivas que se lleven a cabo para rescatar la relación serán insuficientes para volver al punto mágico de inicio de la relación. Si estiramos más la cuerda, puede que se rompa y no tendremos forma de reparar el daño.

Un hecho que llama la atención al menos en el ámbito del consultorio es que la pareja que lastima, aun cuando sabe que ha lastimado a su compañero o compañera, no experimenta culpa o disonancia cognitiva, pues en su autopercepción se sigue considerando una «buena persona».

Analicemos, ahora, dos interrogantes: ¿Por qué las personas no se sienten culpables cuando deberían hacerlo? ¿Cuando alguien se da cuenta de que ha hecho daño a la persona que le importa, por qué no se siente culpable? **El psicólogo social, Leon Festinger, ofreció una respuesta a ello por medio de su teoría de la disonancia cognitiva: «Los seres humanos están predispuestos a confirmar la información que corrobora sus creencias y a ignorar y minimizar la información que refuta lo que creen»** (Aguilar, 2012). *Dicho con palabras más simples: lastimamos a nuestra pareja a pesar de que la amamos, porque suponemos que tiene algún tipo de deuda que nos debe, y rechazamos ser malas personas a pesar de ello.*

¿Cuáles son los puntos ciegos que debemos ver en la persona que maltrata? *Es más probable que nos maltrate si tiene algún trastorno mental (trastorno antisocial), consume drogas, se quedó sin empleo, es celos@, nos tiene guardada una pequeña o gran deuda emocional, nos controla mediante el dinero (personas separadas que pasan pensión alimenticia, personas que trabajan fuera de casa vs personas que trabajan en la casa), quienes sienten menos placer por atribuir a la pareja que acabó con sus expectativas de vida...*

Un elemento interesante que posiblemente se inició en las relaciones de amistad de la díada es que, cuando nos hacemos amigos de la pareja, sus necesidades se convierten en las nuestras. Sin embargo, si la pareja empezó como amigos o no, el mismo efecto ocurre en el enamoramiento y la atracción. Queremos ayudar al otro y experimentamos una empatía cognitiva (entendemos a la pareja si hemos atravesado por vicisitudes o alegrías similares porque sabemos cómo se siente, aunque no tengamos una experiencia similar) y afectiva (cuando hemos pasado por condiciones similares a las de la pareja) y, como sabemos cómo se siente, l apoyamos).

Reflexión final

> *Querer a alguien sin esperanza es duro,*
> *pero peor es vivir sin la esperanza*
> *de querer a alguien.*

Son muchos los factores que atentan contra el equilibrio en la relación de pareja. Identificarlos permite en el aprendizaje detectar «puntos ciegos» que, en caso de no ser

tratados, llevarán a un desgaste paulatino y con riesgo de punto de quiebre.

El amor inicial no es suficiente, se requiere también conocimiento y estrategia. En el recorrido del ciclo de la pareja, es normal que existan obstáculos, algunos presentes antes de conformarse ésta, como los aprendizajes que proceden de la familia de origen, pero otros se van presentando en el camino.

Las pequeñas facturas emocionales pendientes de arreglar nos llevan a episodios de violencia atenuada y pasan imperceptibles en la vida cotidiana.

Sin embargo, de no identificarse, seguirán creciendo, atentando contra la estabilidad y permanencia de la díada.

Mantener una actitud positiva nos dará la posibilidad de activar más la corteza prefrontal vs *el secuestro emocional de la amígdala cerebral.* **Es decir, necesitamos ser más empáticos, solidarios, compasivos, colaborativos, y todas estas conductas se originan en la corteza prefrontal. Es lo que nos hace humanos. Y necesitamos autorregular más las emociones que nos predisponen a la violencia atenuada, que se controlan en la amígdala cerebral.**

Contar con una capacitación de inteligencia emocional nos permitirá manejar de una forma más sana nuestras emociones y disfrutar más la relación en pareja. Necesitamos ser conscientes de que la relación de pareja no consiste en un ir en línea recta, existen avances y retrocesos, además de paradojas, lo cual es perfectamente natural.

¡Si no sabes cómo hacerlo, consulta con un terapeuta de confianza!

Referencias

AGUILAR, K. (2012): «*Carol Anne Tavris La disonancia cognoscitiva (La Ciudad de las Ideas 2009, extracto)*» [On-line]. www.youtube.com/watch?v=4QcbjRGfiww&t=36s

BIRCHLER, G.R.; WEISS, R.L. y VINCENT, J.P. (1975). «Análisis multimétodo del intercambio de refuerzo social entre parejas de cónyuges y extraños en apuros matrimoniales y no afligidos» [On-line].

FRANZOI, S. (2007): *Psicología social*. McGraw Hill.

GELB, M.J. (1999): *Inteligencia genial (7 principios claves para desarrollar la inteligencia, inspirados en la vida y obra de Leonardo da Vinci)*. Editorial Norma.

MILLER, R.S. (1997): «Siempre lastimamos a los que amamos: Interacciones aversivas en relaciones cercanas» [On-line]. https://psycnet.apa.org/record/1997-09191-001

SHEBIB, S. y CUPACH, W. (2018): «Mensajes de conflicto financiero y satisfacción marital: El papel mediador de la satisfacción de la comunicación financiera» [On-line]. www.scirp.org/(S(i43dyn45teexjx455qlt3d2q))/reference/ReferencesPapers.aspx?ReferenceID=2204113

CAPÍTULO 5

¿POR QUÉ CUESTA TANTO DECIDIR DEJAR UNA RELACIÓN?

A veces es mejor irse y hacer falta,
que estar y no significar nada.

Un hombre que no ha pasado
a través del infierno de sus pasiones,
no las ha superado nunca.
CARL GUSTAV JUNG

¿Son realmente fuertes los lazos afectivos que nos unen?

No te dejes perder por alguien a quien no le importa perderte.

¡Déjame entrar!

Intenté entrar por la fuerza,
esperé largas horas a que se abriera.
En un instante de locura, fui a golpear insistentemente.
La respuesta fue la misma: «la puerta del amor
estaba cerrada».

Culpé al universo de no estar a mi favor,
muchas veces pasó por mi cabeza entrar a la fuerza.
¿Por qué siempre se cierran las puertas del amor para mí?
El destino abrió la puerta y me preguntó:
«¿Me buscabas?, ¿Por qué no entras?,
¿Por qué estabas llamando a tantas puertas?».
Honestamente, no supe qué responder.
Con voz amable y templada me dijo:
«No sólo se trata de llamar a la puerta,
ésta siempre ha estado abierta.
Lo único que necesitabas hacer era atreverte a pasar,
pero tu miedo, tus experiencias pasadas y tu enojo
han sido más grandes que tu deseo
de estar adentro».

JUAN ANTONIO BARRERA

Casi todos hemos pasado o vamos a pasar por una relación que termina. *Existen básicamente tres momentos en este proceso: 1) un desgaste a veces imperceptible, o en ocasiones abrupto que nos lleva a sentir un malestar constante, 2) descubrir que no se es feliz y plantearse la posibilidad de una separación, y 3) la separación en sí.*

Ahora nos centraremos básicamente en el segundo punto: cuando uno descubre que no es feliz y se pregunta: «¿Me separo o no?»

Son muchos los motivos que nos llevan a tener una pareja, algunos son muy conocidos y otros no tanto: *sentirnos solos, ser emocionalmente dependiente, tener una familia, envejecer juntos, tener hijos, llevar a cabo proyectos (educativos, eco-*

84

nómicos, espirituales, sociales, viajar, etc.), disfrutar de la compañía de la pareja, disfrutar del sexo, pasar tiempo juntos, las diferencias, las semejanzas, estar perdidamente enamorados, trabajar juntos, vivir separados y querer estar juntos, divertirse, sentir que se ha encontrado el amor de la vida o el alma gemela, tener alguien a quien amar, ser importante para una persona y muchos más. **Ello genera relaciones de apego que en un momento podrían ser difíciles de destruir.**

Sin embargo, en la aparente fortaleza de los vínculos se esconde una asombrosa fragilidad que el sociólogo Zygmunt Bauman (2020) llama «amor líquido», en donde los vínculos humanos son frágiles, crean sentimientos de inseguridad, esa fragilidad crea conflictos y se genera un impulso por estrechar vínculos con ataduras estratégicas para desanudarlos fácilmente.

Llegamos a creer que esta primera elección podría estar mediada por elementos puramente positivos, pero no es así. En ocasiones, desde esa primera elección tenemos puntos ciegos que, de una u otra forma, podrán definir el rumbo futuro de la pareja, creando parejas disparejas. También, se presentan elementos muy negativos, y de pronto pagamos una factura emocional lo suficientemente cara para quitarnos el sueño en el futuro.

¿Me separo o no? Este interrogante nos lleva justo a un punto paradójico, *pues las expectativas iniciales se nos van entre los dedos, los momentos de felicidad se resquebrajan al punto de quiebre, ya sea por decisión de la pareja, de nosotros mismos o de ambos.*

Descubrirse insatisfecho es el primer punto para crear conciencia de un cambio. **Sin embargo, separarse puede llevar un tiempo que va «desde los siete meses hasta los cinco años»** (Lewandowski, 2021, pág. 252). *Algunos más, nunca* *logran separarse y viven con incomodidad toda la vida.* **Por lo tanto, el primer elemento a considerar es el tiempo de reflexión que podría llevarnos a la separación.** *Procrastinamos tomar decisiones y más lo hacemos cuando las tareas por ejecutar son dolorosas e indeseables.*

Sin embargo, vale la pena adentrarnos en la incertidumbre que genera tomar la decisión. Se presenta una mezcla de sentimientos, emociones, pensamientos y acciones paradójicas (amor, tristeza, añoranza o nostalgia, miedo, dolor, etc.), y eso es lo que retrasa la toma de decisiones. **Es experimentar un secuestro y una resonancia emocionales que resuenan en lo positivo y lo negativo.**

Si estás pasando por una etapa así, muy probablemente no quieras que se pierda todo el tiempo invertido. *Sin embargo, desde mi punto de vista, el indicador más fuerte a tomar en cuenta, para saber si tu relación está llegando a su fin y estás pensando en separarte es que experimentas demasiado desgaste en la relación y muy poca o nada de felicidad. ¡, no te mereces eso!*

Los puntos desarrollados a continuación fueron originalmente analizados en la investigación «Secuencias en la separación: Un marco para investigar los finales de la relación personal romántica» de la investigadora de la Universidad de Harvard Loren Lee (Lee, 1984). La autora llevó a cabo un estudio retrospectivo con 112 personas que terminaron su relación de pareja.

A continuación, se analizan los cuatro puntos principales en la decisión de separarse, además del tiempo, por los que se retrasa la toma de decisión para terminar una relación.

Sentir atracción por la pareja

Las rupturas son dolorosas, pero seguir con alguien que no te merece duele aún más.

Las personas no se olvidan, se aprende a vivir sin ellas.

Aun en medio del conflicto el cerebro tiene la capacidad de «albergar dos creencias mutuamente incompatibles, desde la percepción, hasta la moralidad». Este fenómeno es conocido como «modularidad cerebral» y, como dice el experto Robert Kurzban, se expresa a través del lenguaje (Punset, 2015). *Es relativamente normal escuchar entre las parejas decir: «Sí, estamos mal, pero también tiene sus cosas positivas». «Antes no era así, pero hace unos meses que está muy irritable». «Se ha mostrado violento, pero sólo cuando está estresado».*

Con las expectativas rotas, el cerebro hace una interpretación ambivalente y valora aspectos positivos de la pareja, a pesar de los negativos: ser el padre/la madre de los hijos, los momentos de paz, crecimiento y compañía, el atractivo físico, las vivencias compartidas con los amigos, familiares, vecinos y conocidos, ser agradable o chistoso e inteligente, el tiempo de intimidad (física y emocional), las vacaciones, los momentos agradables, salir a bailar, ir al cine, besar, abrazar, mirarse a los ojos, tomar a la pareja de la mano, compartir la cama, bañarse juntos…

De hecho, en muchas ocasiones, por esa paradoja o modularidad cerebral los pensamientos positivos eclipsan los negativos.

Vale la pena detenerse en este punto, pues al menos en el caso de la nostalgia los límites en lo positivo y lo negativo son muy borrosos y ambiguos: por ejemplo; confundimos extrañar con amar y eso produce **dolor emocional**.

Sentir nostalgia es similar a experimentar un trastorno mental, parecido a la depresión. *El dolor experimentado en la nostalgia nos conecta con las experiencias pasadas que muy posiblemente no volverán y fueron placenteras.*

Existe un choque hormonal, metafóricamente hablando, como si se tratara de un choque de galaxias emocionales. Se enfrentan en esta gran colisión el amor, la ansiedad y la tristeza.

El placer, el amor, el afecto, la amabilidad, el apego, la atracción, la calidez, el cariño, la cercanía, la compasión, el compromiso, la confianza, la cordialidad, el deseo, la devoción, la empatía, el enamoramiento, la fe, la dulzura, la lealtad, la lujuria, el perdón, el reconocimiento, el respeto, el sentimentalismo, la simpatía, la sociabilidad, la solidaridad, la sublimación y la ternura. Todo ello produce dopamina (hormona del placer), oxitocina (hormona de la paz, la relación, la salud, el descanso, la relación social). En general, son aspectos positivos que se juntan y, a pesar del desgaste en la relación de pareja, se valoran y nublan la visión. Aunque existan aspectos negativos, estos últimos se minimizan, pues nos gusta sentirnos bien bonito y más si esto viene de nuestra pareja.

Más que tomarse como una lista de sinónimos, la importancia de identificarnos con algunos de sus elementos es que sirven de síntomas para saber lo que se tenía y muy posiblemente se perdió en la relación o lo que se espera recuperar y ya no volverá. Sin embargo, cada caso es diferente. *Por ejemplo, podemos quedarnos y hacer un esfuerzo por rescatar la relación, porque en general nuestra pareja ha sido empática y solidaria, aunque ahora ya no lo es.* **Estamos esperando que regrese**

la versión de la cual nos enamoramos y por el momento sólo quedan restos emocionales que posiblemente no vuelvan. Incluso en otro enfoque queremos que nuestra pareja sea empática y solidaria porque nosotros aún lo somos y creemos que, como tratamos a los demás, así también queremos ser tratados. En las relaciones de amistad y de amor, muchas veces hacemos propias las necesidades de los otros, para bien o para mal.

Este choque emocional, real o potencial con la pareja, produce cortisol (hormona del estrés), cuya activación:

- *Está asociada a la tensión nerviosa, disminuye el funcionamiento del sistema inmunológico.*

- *Activa enfermedades respiratorias, autoinmunes y alergias.*

- *Produce indigestión, irritación e inflamación de la mucosa intestinal, lo que puede ocasionar úlceras, colon irritable y colitis.*

- *Aumenta la presión arterial (puede producir enfermedades crónicas del corazón, infartos y problemas cardiovasculares).*

- *Genera insomnio, irritabilidad, falta de concentración, fallos en la memoria,*

- *Puede ocasionar disfunción eréctil o interrupción del ciclo ovulatorio, envejecimiento prematuro, acné y diversos problemas en la epidermis, fatiga crónica e incluso depresión»* (Fuentes, 2021).

Podemos identificar los síntomas del estrés cuando nos sentimos acelerados, angustiados ansiosos, desesperados, inseguros, nerviosos y preocupados.

Se experimenta tristeza en sus diferentes acepciones semánticas: *abandono, amargura, apatía, congoja, consternación, decaimiento, decepción, depresión, desánimo, desconsuelo, descontento, desdicha, desesperanza, desgaste, desmoralización, **dolor**, fracaso, frustración, infelicidad, insatisfacción, melancolía, nostalgia y soledad. De la misma forma que en el listado anterior, experimentar a manera de síntoma cualquiera de los elementos anteriores*, **nos muestra que cada proceso de separación es único y se experimenta con ejes emocionales comunes (placer/alegría *vs* displacer-tristeza), pero de forma singular. Sentirse nostálgico, por ejemplo, nos muestra el dolor de lo que ya posiblemente no volverá y que en algún momento generó grandes dosis de placer.**

Con demasiada frecuencia tomamos el camino más fácil y evitamos las experiencias dolorosas. Ésa es una estrategia destinada al fracaso, porque sólo nos hace pensar más en ellas. «Cuanto más intentamos sacar a nuestra pareja de nuestra mente, más vuelve a aparecer» (Lewandowski, 2021, pág. 266).

Llegar a acuerdos con la pareja

Pensaba que no podía vivir sin ti
y ahora es cuando realmente puedo ser feliz.

Comprendí, haciendo una pausa en mi vida,
que tuve que perderme
para volverme a encontrar.

JUAN ANTONIO BARRERA

Llegar a acuerdos es una herramienta que sirve muchísimo para mediar y neutralizar los estados idealizados, así como las expectativas poco realistas de parte de uno o de ambos miembros de la pareja. *No comunicarse de manera clara, fracturar la confianza y la falta de voluntad para trabajar juntos son conductas que van en contra de llegar a acuerdos.* Construir el bienestar no es algo que se da de manera azarosa, e implica un trabajo de pareja. Donde nos muestra que **quererse no es suficiente, pero se convierte en un punto ciego.** *No todo lo que necesitas es amor (como la canción de The Beatles), también se necesita saber y conocimiento para sacar lo mejor de cada uno.*

Sin embargo, cuando una relación enfrenta infelicidad, incomodidad y falta de rumbo, llegar a un acuerdo simple es un tanque de oxígeno que potencialmente puede cambiar el destino de la separación. *En ocasiones los momentos positivos entorpecen la eficacia de los acuerdos, pues las personas necesitan ajustarse a la nueva realidad en la que viven y el pasado ya pasó y no regresará,* pero se puede construir un presente y un futuro mejor.

La pasión no regresa por arte de magia. Lo nuevo y lo mejor es la expresión de necesidades mutuas, algunas de ellas a veces incompatibles con la realidad actual. *En general, dichas necesidades implican compromisos superficiales relacionados con temas como el dinero, la crianza de los hijos, la familia política, el manejo del estrés, el cuidado de la salud, las tareas de la casa (domesticidad), el sexo, el tiempo vivido juntos, el compromiso para cerrar ciclos emocionales de pareja e individuales y la intimidad de expresar las emociones y los sentimientos.*

Sin embargo, muchas veces da la impresión de que se logra una mejoría, pero en general ésta sólo aquieta las aguas por unos días, para volverse más violentas posteriormente o caer en la in-

diferencia. Pero se ha creado la ilusión o el espejismo de que la situación ha mejorado. Y ello retrasa la toma de decisión de separarse, y muchas veces no se acude a una asesoría profesional.

No siempre se logran acuerdos en donde ambos miembros de la pareja quedan medianamente complacidos y ésa es parte de la realidad, pero no invalida todas las demás áreas de convivencia en las que la pareja puede seguir creciendo.

Sentirse solo

Mi mejor amiga es la solead,
ella nunca me ha abandonado,
incluso, cuando intento distanciarme,
permanece a mi lado.

Antes de la llegada del COVID-19, el mundo vivía una epidemia de soledad en grados alarmantes. Muestra de ello es que en 2018 la ministra británica Teresa May creo un Ministerio de la Soledad para combatir este terrible mal que atenta el carácter relacional y de interacción social entre las personas. Dicho problema se agrava en los mayores, los solteros, los adultos jóvenes y personas que conviven con otras, pero que se sienten solas (soledad en compañía). *Otro terrible acontecimiento similar a éste es que, por esos mismos años, algunas personas en Japón cometían delitos menores para ser encarceladas y así tener compañía.* Sentirse solo o estar solo tiene efectos terribles para la salud física y emocional.

No es lo mismo estar solo, que sentirse solo. Estar solo es una decisión personal que puede incluso ser agradable y disfrutarse. Vivir acompañado y sentirse solo es una experiencia dolorosa.

Somos seres sociales y relacionales. Necesitamos la interacción social por el hecho de ser humanos.

La soledad por elección nos lleva a disfrutar de un buen libro, descansar, ir a un museo o concierto, y puede estar cargada de cierta hiperactividad. Sin embargo, algunas personas pueden decidir estar solas porque no tienen habilidades sociales para interactuar, han tenido experiencias desagradables y decidieron aislarse.

En la fobia y la ansiedad sociales, sentimos el miedo al contacto con los otros, pero también en la paradoja de las hiperconexiones digitales podemos estar rodeados de personas y, aun así, sentirnos solos; pues nuestros objetivos de vida o nuestras expectativas no coinciden con las de la pareja, no son entendidas o simplemente no les importan.

Podemos enfermar al sentirnos solos: la tristeza se convierte en depresión y las personas en general tienden a aislarse socialmente, entre otras conductas. El cerebro se enferma como cualquier órgano de nuestro cuerpo, y la soledad lo enferma en forma desproporcionada. El órgano de la razón se enferma de sinrazón: «**la soledad crónica mata más que la contaminación, la obesidad y el alcoholismo**», afirma el neurocientífico Facundo Manes (Agencia EFE, 2023).

Otras consecuencias de sentirse solo o aislado son: *disminución del interés o de la capacidad para el placer en todas o casi todas las actividades; pérdida importante de peso sin seguir una dieta, o pérdida o aumento del apetito; insomnio o hipersomnia (dormir demasiado); agitación o retardo psicomotor; fatiga o pérdida de energía; sentimientos de inutilidad o culpa inapropiados; disminución de la capacidad para concentrarse o indecisión; pensamientos recurrentes de muerte o pensamientos suicidas; los síntomas causan malestar o deterioro significativos* (Halgin y Krauss, pág. 314, 2004).

Dejar a la pareja es también perder parte de la identidad, y el reto más complejo muy probablemente sea reinventarse a uno mismo y hacerse responsable de la propia vida.

Miedo a la separación

> *Si me hubiesen dicho al comienzo*
> *lo mucho que me iba a doler…, te hubiese amado igual.*

El miedo es la emoción más intensa que nos permite sobrevivir mediante tres reacciones: nos enfrentamos, nos paralizamos o huimos ante el miedo. *Es una emoción básica al igual que la tristeza, la alegría, la sorpresa, la ira y el asco. Éstas son fundamentalmente biológicas, pero existen otras con una base social como el orgullo y la culpa.*

El miedo detecta señales de peligro y esas señales pueden ser reales o imaginarias. *Sin embargo, el cerebro no alcanza a distinguirlas. Es por ello por lo que siente miedo ante cosas que no existen, pero que interpreta como una realidad.*

«El miedo no puede ser nuestra guía cuando hablamos del futuro, porque cuando tenemos miedo, el mundo se paraliza o lo interpretamos de forma desproporcionada. *Y todo alrededor queda en un compás de espera hasta que resolvemos la amenaza»* (Personas que edifican, 2021).

Sentir miedo a terminar una relación puede enfrentar a las personas a grandes cambios, pero también puede venir aparejado con otros miedos, tales como: *miedo a quedarse solo, a la autonomía, a la separación o al abandono.* Este último es un trastorno de ansiedad y puede distorsionar las relaciones con otras personas, las relaciones de pareja inconscientemente amenazadas ante la posibilidad de ser abandonado.

Desde 1967, los psiquiatras Thomas Holmes y Richard Rae propusieron una escala (Escala de reajuste social) en donde las personas asignaban un valor (máximo de 100 puntos) a una serie de acontecimientos vitales. Cuanto más alto era el puntaje alcanzado por los sujetos, más posibilidades había de impactar y perjudicar la salud de una persona. Los eventos más importantes considerados en dicha escala estaban todos relacionados con la pareja: «Muerte de la esposa (100 puntos), divorcio (73 puntos), separación conyugal (65 puntos)» (Cervera y Zapata, 1982, pág. 9).

Enfrentar cualquier emoción extrema nos pone en el límite de la salud, física y mental.

Si uno solo de los cuatro elementos analizados (sentir atracción por la pareja, llegar a un acuerdo, sentirse solo y miedo a la separación) genera un gran impacto por sí solo, ahora resulta entendible que el hecho de enfrentar estos cuatro al mismo tiempo retrasa la toma de decisiones, hasta no tener la cabeza fría. *Y en algunos casos no se tomará nunca, por las consecuencias reales o percibidas que implica una acción de esta naturaleza.*

A manera de corolario

> *«Sólo hay dos momentos en que quiero estar contigo:*
> *ahora y para siempre».*
> Anónimo

El dolor tiene una *función adaptativa y de supervivencia.* Generalmente el dolor *lo asociamos a las enfermedades cuando el cuerpo nos informa de que «algo no va bien».* Sin embargo, también existe el dolor emocional, no se ve, pero las personas lo sienten. El tratamiento del dolor emocional es el terreno de los psicólogos, por este motivo, en ocasiones, las personas se refieren a ellos como doctores.

El hombre le teme a la muerte y al dolor (Barragán, 2008). Podríamos situar el dolor físico entre nuestros conflictos personales, la salud y la enfermedad porque también existe el dolor emocional. Y el dolor emocional está presente de manera permanente al tomar la decisión de una separación y también está presente después de tomarla.

La manera en que pensamos determina la manera en que sentimos, y viceversa. Somos capaces de crear nuestra propia realidad. *Sin embargo, podemos cambiar la manera de pensar y de sentir.* Postulado de las neurociencias. *El filósofo griego Epicteto decía: «No vemos las cosas como son, sino como somos».*

Todas las emociones se pueden experimentar de forma superlativa hasta llegar a convertirse en trastornos emocionales. En el caso del miedo los trastornos pueden ser de ansiedad, de estrés y se pueden considerar como el exceso de emoción que ha derivado en patología o en una alteración emocional.

Tomar la decisión de separarse no es fácil, pues implica enfrentar un mundo emocional superpuesto e imbricado de emociones positivas y negativas. **Sin embargo, quedarse detenido en la indecisión y apegado al dolor no permite crecer, ni alcanzar nuevamente tus sueños y objetivos de vida.**

Reflexión final

Si fuiste feliz con alguien que no era para ti,
¡imagínate con la persona correcta!

Rescatar la relación es cosa de dos. Sin embargo, un error muy frecuente es esperar y pedirle a Dios y al universo que la pareja cambie, sin llevar a cabo un trabajo de por medio. Y esto es casi imposible que suceda. **Todos los finales duelen, no importa si nos dejan o dejamos.** *Al concluir una relación perdemos a alguien y nos perdemos, al menos temporalmente, a nosotros mismos.*

Por otro lado, cuando los niveles de cortisol en el cuerpo están en equilibrio, duermes mejor, tu memoria funciona adecuadamente, se regulan los niveles de inflamación de todo el cuerpo, tienes más energía y los niveles de azúcar en el cuerpo están en equilibrio. Y todo ello lo puedes lograr una vez que has pasado por un trabajo de duelo y has cerrado tus ciclos emocionales.

Si bien la nostalgia en su interpretación ambivalente tiene características negativas, su efecto positivo al cerrar sanamente los ciclos emocionales aumenta el bienestar psicológico. Es bueno quedarse con lo positivo a pesar de haber terminado un ciclo de pareja o de vida. Por ejemplo, cuando hay hijos o algún proyecto de vida y se les quiere y valora, eso es independientemente de la vida en pareja.

Se debe evitar quedar atrapado en la nostalgia negativa, hay que dejar fuera diversos problemas psicosomáticos, así como evitar caer en el vacío existencial, la amargura, la tristeza, la depresión, la soledad, la melancolía y, en el peor de los escenarios, el suicidio. **Martell señala que «una tristeza profunda puede llevar a la diabetes»** (Martell, s/f).

Establecer acuerdos es una herramienta poderosa para expresar las expectativas de cada miembro de la pareja. Sin embargo, si no existe el compromiso por ambas partes o no se consulta con un profesional, cuando éstos no se pueden lograr, difícilmente se podrán resolver este tipo de obstáculos en la relación.

Un acuerdo puede ser un espacio de crecimiento, no de discusión. Puede ser un sitio seguro en donde se expresen los temas complejos, las preocupaciones o las situaciones difíciles de resolver. *No se resuelven sólo con sexo o con quedarse callados y contener las emociones y los sentimientos negativos hacia la pareja.* Se necesita tener realmente una actitud positiva, empática, proactiva y resolutiva. Es mejor expresar las situaciones por resolver por el contexto y no por la persona: «Me molesta que en general llegamos tarde a los eventos», en lugar de «Eres irresponsable e indolente, por lo que siempre llegamos tarde a los eventos».

No detectar los puntos ciegos que enfrenta la pareja puede llevar a la separación o al desgaste sin sentido. *Y cuando tenemos conflictos, no resolverlos a tiempo tiene el mismo resultado.*

La separación es un tiempo de ambivalencias (evaluar lo positivo y lo negativo vivido en pareja), de acuerdos muchas veces insuficientes o sin compromiso real, de enfrentar la propia soledad y quedar desvinculado de la esencia de ser pareja, y de hacerse responsable de uno mismo enfrentando el miedo a la separación y a reinventarse nuevamente a uno mismo.

Todo ello causa dolor y una mezcla intensa de emociones como el amor, la angustia, la nostalgia, la tristeza y el estrés. Por ello, nos cuesta trabajo tomar la decisión final de formar parte de la vida de la otra persona.

Una cabeza exacerbada con tantas emociones interpreta cualquier acontecimiento negativo también de forma desproporcionada. Por tal motivo, es importante aquietar las emociones para salir más rápidamente de acontecimientos de alto un impacto como éste.

Si estás pasando por una situación similar y no sabes cómo resolverla, es importante consultar con un terapeuta de confianza.

Referencias

Agencia EFE (19 de febrero, 2023): «La soledad crónica mata, advierte el neurocientífico argentino Facundo Manes. [Archivo de vídeo]. YouTube. www.youtube.com/watch?v=Sxm1LtuX4Lg

Barragán, A. (2008): *Vivir con dolor crónico*. Libros de la Araucaria.

Bauman, Z. (2020): *Amor líquido (Acerca de la fragilidad de los vínculos humanos)*. Fondo de Cultura Económica.

Cervera, S. y Zapata, R. (1982): *Psiquiatría hoy (Acontecimientos de la vida y trastornos psíquicos)*. Salvat.

Fuentes, M. (2021): «¿Qué le pasa a tu cuerpo cuando tiene exceso de cortisol?» [On-line]. www.aarp.org/espanol/salud/vida-saludable/info-2019/exceso-de-cortisol-en-el-cuerpo.html#:~:text=Se%20produce%20indigesti%C3%B3n%2C%20irritaci%C3%B3n%20e,de%20colon%20irritable%20y%20colitis.&text=El%20exceso%20de%20cortisol%20aumenta,problemas%20cardio%20y%20cerebro%20vascular

Halgin, R. y Krauss, S. (2004): *Psicología de la anormalidad (Perspectivas clínicas sobre desórdenes psicológicos*. McGraw Hill.

LEE, L.: «Secuencias en separación: un marco para investigar los finales de la relación personal (romántica)». *Revista de Relaciones Sociales y Personales*, 1984;1(1):49-73. doi: 10.1177/0265407584011004

LEWANDOWSKI, G. W. (2021): *El amor nunca es suficiente (Los 10 puntos ciegos que sabotean tu relación y cómo superarlos)*. Diana.

MARTELL, J. (s/f): *El gran diccionario de las dolencias y enfermedades*. Ediciones Quinta Esencia.

PERSONAS QUE EDIFICAN (2021): «*Facundo Manes (Ojo con el miedo)*» [On-line]. www.youtube.com/watch?v=nkdUS YbCj7c

PUNSET, E. (2015): «El lenguaje está diseñado para confundirnos» [On-line]. www.youtube.com/watch?v=4yumlB mO_s4

CAPÍTULO 6

¿POR QUÉ NOS ENAMORAMOS DE LAS PERSONAS MALAS?: SÍNDROME DE LA ATRACCIÓN INVERTIDA

Lo más aburrido del mal es que a uno se acostumbra a él.

Jean-Paul Sartre

Antecedentes

Nuestras funciones mentales pueden alterarse antes de ser concebidos, durante el proceso de gestación y durante el tiempo de interacción con otros seres humanos, durante nuestro ciclo de vida en el desarrollo humano. **La neurociencia social supone que el cerebro influye en el ambiente y el ambiente en el cerebro.** *«Es la relación entre los procesos neurológicos del cerebro y los procesos sociales»* (Franzoi, 2007, pág. 21). Y de aquí se desprende una serie de reflexiones interesantes, si estoy rodeado de un ambiente positivo y nutritivo voy a crecer, pero si es adverso, para sobrevivir, necesito primero defenderme, sin la posibilidad de desarrollarme sanamente.

En el primer escenario positivo de crecimiento existen factores de protección del cerebro y, cuando no se cumplen, hay consecuencias en la interacción social y en la salud cerebral. El neurólogo y científico Facundo Manes recomienda para cuidar el cerebro: *«tener vínculos sociales positivos, el optimismo,*

101

hacer *ejercicio físico, mantener una mente activa,* aprendiendo cosas nuevas, *mantener una dieta saludable, manejar el estrés y dormir bien.* Señala, además, que la manera en que pensamos determina la forma en que sentimos. La realidad no se puede cambiar, lo que sí se puede cambiar es la manera en que la reevaluamos. (Aprendemosjuntos, 2019). Ya Epicteto, en los primeros años después de Cristo, afirmaba que las cosas no son como son, sino como somos. Las personas positivas perciben la vida más positivamente que el resto, y las personas negativas, ante estímulos neutros, los evalúan de manera negativa, justo por el ambiente negativo en el que se han desarrollado.

Así pues, la salud de nuestro cerebro puede cambiar durante la gestación y a lo largo de toda nuestra vida. Ningún cerebro funciona exactamente igual. *Y este órgano tan importante puede enfermar y hacer enfermar a otros cerebros por la influencia que puede ejercer en el ambiente.*

A finales de los años ochenta del siglo anterior, se estrenó una película que causó furor por su temática: *Atracción fatal.* Un abogado exitoso llamado Dan tiene una vida perfecta, conoce a Alex, una mujer muy atractiva que lo seduce y lo acosa. Se obsesiona con él y la historia termina muy mal. Alex ataca a Beth (la esposa de Dan) e incluso mata a la mascota de su hijita (una conejita).

En el desenlace Alex resulta muerta por la esposa de Dan, después de que Alex en repetidas ocasiones trata de hacerle daño a Dan y a toda la familia. ¡Wau! Es una historia realmente espeluznante. Al menos, en esa época, en el ambiente se percibía el miedo a ser infiel por las consecuencias de encontrar en el camino a alguien como la perturbada Alex. Por cierto, al final de la historia, Alex, a quien ya le han disparado, se levanta moribunda, poniendo aún más tensión en la última escena.

¿Qué nos cuenta esta historia? Son muchas las reflexiones. Cruzar una mirada, una sonrisa, platicar por un momento, puede resultar en una atracción fatal, en una atracción invertida, en una aventura, en una tragedia, pero todo empieza con una atracción mutua y con un enamoramiento potencial (En los puntos ciegos, lo conocemos como amor a primera vista o atracción a primera vista).

Así, sentirse enamorado y tener alguna alteración de la personalidad puede ser muy peligroso, y puede desencadenar un apego disfuncional y desmedido. Desafortunadamente, una persona con salud mental puede percibir a otra como una buena persona. Y una persona perturbada o emocionalmente enferma puede percibir al otro como la víctima perfecta para abusar de él o de ella. *Se presenta un pensamiento distorsionado y delirante (en la atracción a primera vista), como si la pareja potencial se conociera desde hace años, y con ello se puede iniciar una relación tóxica que empieza con un poco de pasión, la cual sube hasta los cielos y puede terminar en una tragedia.*

Con una mirada y unas cuantas palabras amables, así empezó la travesía pasional y amorosa de Dan y Alex en la película mencionada.

Hoy también podríamos encontrar la versión moderna de la atracción fatal en la actualidad virtual, cuando seguimos obsesivamente a alguien en las redes o «stalkeamos» a una persona, se vuelve rutinario en el formato digital acecharla, espiarla, husmearla o, incluso, ser intrusivos en el formato presencial.

El origen del síndrome de la atracción invertida

*Te odio y te quiero
porque a ti te debo
mis horas amargas,
mis horas de miel.*
Canción de JULIO JARAMILLO

El tema de las parejas disparejas y sus puntos ciegos tiene tantas aristas que, al parecer, presenta paradojas desde todos los planos. Los temas de pareja son inagotables e inacabables. Antes ya he mencionado que en el enamoramiento, para decir que es enamoramiento, existe un sentimiento mutuo de atracción entre los amantes. Lo demás es hostigamiento o acoso cuando es un asunto unilateral.

Ese flechazo inicial podría ser atracción a primera vista. Y ése es el punto de partida para elegir a una persona. Uno de los puntos ciegos de estar enamorado es ver en el otro lo que no es. En idealizar su imagen y en crearnos expectativas muy positivas, en ocasiones, uno del otro. *Percibimos la realidad de forma distorsionada como un oasis en el desierto, un espejismo tan bello, que vale la pena arriesgarse. Veo en la pareja el amor de mi vida, mi media naranja, mi alma gemela, estamos hechos el uno para el otro.* ¡Ah! El recuerdo abruma mis sentidos y también me produce placer. La neurociencia ha comprobado que la expectativa del placer produce placer, y el solo recuerdo de algo bonito cambia la química del cerebro para sentirse bien. Es una gran descarga de dopamina. Éxtasis, lujuria, felicidad, placer y todas las palabras asociadas a sentirse maravillosamente bien y disfrutar de la vida.

Sin embargo, en este caso la díada ve de manera recíproca cosas muy positivas, pero también existe otro lado de la realidad. ¿Qué sucede si ambos ven cosas muy positivas en su futuro, pero al menos uno de ellos observa una realidad completamente diferente? Es parte de la ceguera al futuro. Sabemos que las cosas no irán bien y, aun así, nos arriesgamos. En general, cuando conocemos a alguien, los hombres piensan que las mujeres no cambiarán y se sienten cómodos con la versión gentil, amorosa y comprensiva de la pareja, y la mujer, piensa que con sus poderes hipnóticos de belleza, cordialidad y sugestión hará que las cosas negativas de su pareja cambien. Y no ocurrirá ninguno de los dos escenarios.

En la película *Madagascar*, Alex el león y Marty la cebra son los mejores amigos. Sin embargo, cuando el entorno cambia para todos (recuerda el concepto de neurociencia social) y llegan a una isla donde no hay humanos que los alimenten como en el zoológico de Nueva York, Alex, en una de las escenas, empieza a ver a todos con cara de filete. Marty está presentando a Alex, hablando de él cosas muy positivas por la amistad que les une, pero Alex, como es carnívoro, empieza a ver a Marty también con cara de un filete que puede devorar, hasta propinarle una mordida inconsciente.

Este tipo de situaciones suceden en realidad. Mientras una persona con buenas intenciones ve a una pareja potencial como a una buena persona, la otra, con un cierto grado de maldad, ve una pareja que puede cosificar y convertir en alguien vulnerable. Una presa fácil de la que podrá abusar a tiempo completo. En México decimos: «el león cree que todos son de su condición». El significado simple es: «si soy una persona con buenas intenciones, la otra persona seguramente será igual conmigo». Y podré abusar de la persona buena porque no detectará que soy, en esencia, una mala persona. La persona buena no alcanzará a percibir las malas acciones del otro, su corteza prefrontal materialmente no funcionará por el amor o afecto que le tiene, y actuará de forma solidaria, empática, compasiva, altruista y con una actitud positiva.

El malo podrá aplicar la maldad de diversas formas. Una de las más sofisticadas es el concepto de violencia: luz de gas (*gaslighting*) es una forma de manipulación psicológica en la que uno de los miembros de la pareja altera la realidad del otro, haciéndole creer que es inferior, tonto o loco, dependiente, porque la realidad que percibe no es la correcta.

Sin embargo, en este caso, en la presencia y el contacto con el otro, uno sacará inconscientemente la mejor parte de sí mismo para ofrecerla en la díada. Mientras que el otro sacará la peor parte de sí mismo para dársela al otro también, pero en sentido inverso. Llamaré a este tipo de conducta «el síndrome de la atracción invertida». Mientras uno de los miembros ve la posibilidad de estar en pareja, sacar lo mejor de sí, y ofrecérselo al otro, el otro verá la posibilidad de sacar consciente e inconscientemente lo peor para aprovecharse de la pareja. Y lo mejor de esta paradoja es que ambos van en el mismo camino, enfrentando las adversidades.

Cuando una persona es socialmente deseable y rebosa de virtudes, también en México, decimos que «es un estuche de monerías». Esto significa que tiene muchas cualidades positivas ocultas y visibles. Mientras que, del otro lado, saldrán sólo cosas conscientes e inconscientes, deliberadamente negativas. Saldrá «un estuche de porquerías» o cosas negativas.

Es un cóncavo y un convexo, es una relación invertida. La persona buena (altruista), en un punto ciego, se podrá enamorar de la malo (egoísta), pensando que es buena. Y el malo se aprovechará del bueno, pensando justo que es bueno. El bueno no alcanzará en un primer momento a imaginar las intenciones negativas del malo. ¡Es el mundo al revés!

Para entender aún más el síndrome de la atracción invertida, precisemos el significado de la palabra «síndrome»:

Síndrome: Es un «*conjunto de síntomas o signos* que por lo general se deben a una sola causa (o conjunto de causas relacionadas) y que en conjunto indican una enfermedad o trastorno físico o mental particular» (APA, 2010, pág. 468).

Síndrome: «*Colección de síntomas* que forman un patrón definible» (Halgin y Krauss, 2004, pág. 601).

Síndrome: «*Ciertos síntomas* que tienden a ocurrir regularmente en aglomerados». (Sue, Wing y Sue, 2010).

Se distinguen varios elementos: *una etiología múltiple, pues muy difícilmente una conducta se debe a una sola causa.* Y dos elementos más: los signos (las manifestaciones objetivas que muestra un paciente, tales como ser muy bueno o malo en el comportamiento) y los síntomas (las manifestaciones subjetivas que tiene un paciente, tales como pensar que me mi pareja me va a tratar bien porque soy una buena persona).

A la persona mala no le interesa reconocer sus síntomas y menos compartirlos con la pareja, por ejemplo ser egoísta, narcisista, rencoroso, impulsivo, no empático, agresivo, violento, etc. Por su parte, la persona buena, al menos en principio en el enamoramiento, por la ceguera del amor, la miopía del futuro, su impronta familiar y otros elementos más, no podrá detectar las malas intenciones de su pareja y éstas podrían pasar desapercibidas.

¿Se puede hablar de un solo perfil de personas malas?

¡Qué triste es querer a alguien que no sabe querer,
pero aún más triste es el no poder dejarlo de querer!

Los malos en la díada no tienen un perfil homogéneo y eso hace más difícil detectar quién llega a la relación con malas intenciones y con la idea de hacer daño.

Sin embargo, sí existen una serie de conductas que pueden darnos cuenta de la maldad del otro: pueden ser sin distinción hombres y mujeres, los malos o los buenos.

En el terreno de las personas malas que pueden hacernos daño, la gama es muy amplia y muestran características como ser caprichosas, tóxicas, celotípicas, chantajistas emocionales, violentas y practicar la agresión física y psicológica, social y sexual, y por supuesto incluye la agresión pasiva (luz de gas). **En general tienen mal carácter, pero no es una regla.** Manifiestan dificultad para manejar las emociones, no son empáticas, tienen el síndrome de Procusto (son envidiosas patológicas), insolidarias, difícilmente experimentan sentimientos de culpa después de una agresión a la pareja, **son controladoras y en general sienten desprecio por la persona «amada» o víctima.** Sin embargo, no todas son iguales. Unas son peores que otras.

Algunos factores que influyen en la manifestación de los trastornos mentales

¡Nadie da lo que no tiene!

Muchos son los factores de protección del cerebro y, afortunadamente, podemos consultar con la seguridad de que verdaderos especialistas han puesto su mejor empeño para ir al fondo del problema.

La impronta de las experiencias tempranas

Desde antes de la concepción, la calidad de relación que vivieron nuestros padres, si nuestro nacimiento fue planeado o no, si fuimos abandonados o si el estilo de crianza fue dañino o negativo, va marcando nuestro paso por la vida y va quedando grabado en nuestro cerebro.

La capacidad de aprendizaje que tiene un bebé es asombrosa. Sin embargo, un cerebro tan joven también es extremadamente vulnerable a las heridas psicológicas que ocurran durante este período. El abandono, el maltrato o incluso el terror conllevan cambios físicos en su cerebro (Duhne, 2000). La plasticidad cerebral opera en lo bueno y en lo malo. Somos capaces de adaptarnos a caminos de aprendizaje como las matemáticas o el dolor.

El cerebro no alcanza a distinguir entre el dolor físico y el emocional. Ambos generan estrés y dificultades en el proceso de adaptación a la vida.

En las familias en las que los adultos usan la violencia es mucho más probable que los niños la usen al crecer (Guille, 2004; Tjaden y Thoennes, 2000). Éste es el sello de la impronta familiar, esto es, las primeras experiencias sensoriales buenas (abrazos, besos o caricias) o malas (golpes, indiferencia o malos tratos) quedan grabadas en el cerebro y estas conductas se normalizan y se practican tarde o temprano.

La importancia del contacto con los padres o cuidadores como factores de prevención en la salud mental

La psicoanalista Sue Gerhardt señala la importancia del contacto de la madre o los cuidadores con los bebés y los niños en los primeros tres años de vida. Muchos sistemas del cerebro se desarrollan durante este período, crucial para gestionar la respuesta emocional y preparar el aprendizaje. Señala que «ocuparse de la atención de los bebés es la mejor manera de prevenir las enfermedades mentales y bajar los índices de violencia y delincuencia» (Iskandar, 2013). El contacto, las caricias, los besos y los mimos de la madre desencadenan en ésta y en el bebé dosis de oxitocina (hormona de la paz, la relación, el descanso y la relajación) y de dopamina (hormona del placer), que les ayudará a contrarrestar el cortisol (hormona del estrés) y ambos podrán percibir un ambiente más seguro.

Por el contrario, un ambiente negativo alrededor de personas potencialmente violentas puede desencadenar en conductas aún más violentas como lo han demostrado Jonathan Pincus y Michael Stone (Pincus, 2013) en su análisis de los asesinos en serie. Incluso personas «sanas» rodeadas de un ambiente negativo pueden hacer que las personas buenas actúen como malas, como sucedió en el experimento de la prisión de Stanford (Zimbardo, 2007).

Otro ejemplo más, relacionado con el abandono en la infancia es la desafortunada experiencia que vivieron los niños en los orfanatos de Rumania. El político comunista rumano Nicolae Ceaucescu, en un afán de repoblar su país, al ser fusilado, dejó alrededor de 20 000 niños muertos y otros miles que sobrevivieron en orfanatos. La falta de contacto físico y emocional con sus cuidadores causó graves secuelas en esos infantes. «La tragedia de estos pequeños ratificó lo que la ciencia llevaba años diciendo: el abandono, la ausencia de vínculo afectivo y la falta de interacción y de estímulos tienen efectos nefastos en el cerebro de los niños». (Rojas, 2021, pág. 107).

Retomamos aquí el tema de la importancia de la neurociencia social, en donde el ambiente es definitivo para desencadenar conductas sanas o conductas violentas. *El neurólogo Jonathan H. Pincus (2013) encontró en los asesinos en serie tres componentes básicos*: **abusos, daño cerebral y enfermedad mental**. *El psiquiatra Michel Stone ha llegado a las mismas conclusiones que Pincus.* **Las lesiones cerebrales y las enfermedades mentales son la pólvora y los abusos en la infancia encienden la mecha.** En la excepción de estos componentes se encuentra Ted Bundy, su característica es que era un psicópata y no sentía emociones ni miedo (Pincus, 2013). Ted sufrió abandono por parte de su padre biológico y nunca estableció un lazo afectivo con su padrastro. En general, fue considerado un estudiante brillante. Confesó haber cometido al menos 30 asesinatos de mujeres.

Así pues, la estructura cerebral, que depende mayormente de la genética, no siempre es determinante para que un individuo sea violento, ya que el entorno puede asimismo modificar su estructura. «Muchos síntomas físicos y psicológicos de los adultos provienen de emociones mal gestionadas en el presente por bloqueos del pasado, por heridas mal cicatrizadas o por traumas que se siguen reviviendo». (Rojas, 2021, pág. 99).

Las consecuencias en los adultos relativamente funcionales que no tuvieron una buena dosis de apego seguro con sus madres, tutores o cuidadores en la edad adulta forman personas inseguras, ansiosas, llenas de incertidumbre, con baja autoestima, con mala capacidad para regular sus emociones, poco resilientes, desconfiadas y con poca capacidad para conciliar las relaciones grupales (pareja, familia, escuela, trabajo y grupos diversos).

¿Quiénes se corresponden con este tipo de personas?

La lista es un poco más extensa, sólo se enumeran algunas, así como sus principales criterios diagnósticos visibles relacionados con la violencia que alteran las relaciones con una pareja. *La idea de sólo mostrar algunos criterios diagnósticos (signos) es para que quien esté pasando por una relación conflictiva pueda detectar patrones de conducta violentos:*

Trastorno limítrofe de la personalidad: Esfuerzos para *evitar el abandono real o imaginario*, como iniciar rápidamente relaciones íntimas (físicas o emocionales) o cortar la comunicación con alguien por miedo a ser abandonado. *Un patrón de relaciones intensas e inestables* con familiares, amigos y seres queridos, que en general cambia de la cercanía y amor extremos (*idealización*) a una aversión o ira extremas (*devaluación*). *Ánimos intensos y muy cambiables*, con episodios que duran desde unas pocas horas hasta varios días. *Ira intensa e inapropiada o problemas para controlarla. Dificultad para confiar*, que a veces va acompañada de un miedo irracional a las intenciones de otras personas. (NIH, s/f).

Trastorno antisocial de la personalidad o sociopatía: *Desprecio por el bien y el mal. Mentiras o engaños persistentes para explotar a otros. Mostrarse insensible e irrespetuoso con los demás. Tratarlos con crueldad o indiferencia. Usar el encanto o el ingenio para manipular a otros para beneficio o placer personal. Arrogancia, sentido de superioridad y ser extremadamente per-*

suasivo. Falta de empatía por los demás y de remordimiento por hacer daño (Clínica Mayo, 2020).

Los psicópatas son un subgrupo dentro del diagnóstico del trastorno antisocial de la personalidad: *Facilidad de palabra/encanto superficial. Sentido desmesurado de autovalía. Mentiroso patológico. Estafador/manipulador (ver el capítulo de El timador de Tinder, en Netflix). Ausencia de remordimiento o sentimiento de culpa. Afecto superficial. Insensibilidad afectiva/ausencia de empatía. Frecuentes relaciones maritales de corta duración. Impulsividad. Pobre autocontrol de la conducta. Conducta sexual promiscua* (Martínez, 2010).

Trastorno narcisista de la personalidad: *Tener un sentido exagerado de prepotencia. Tener un sentido de privilegio y necesitar una admiración excesiva y constante. Esperar que se reconozca su superioridad, incluso sin logros que la justifiquen.* Exagerar los logros y los talentos. Estar preocupados por fantasías acerca del éxito, el poder, la brillantez, la belleza o la pareja perfecta. *Creer que son superiores y que sólo pueden vincularse con personas especiales como ellas. Sacar ventaja de los demás para lograr lo que desean. Tener incapacidad o falta de voluntad para reconocer las necesidades y los sentimientos de los demás.* Comportarse de manera arrogante o altanera, dando la impresión de ser engreídos, jactanciosos y pretenciosos. *Insistir en tener lo mejor de todo; por ejemplo, el mejor auto o consultorio. Tener dificultad para regular las emociones y la conducta.* (Mayo Clinic, 2022).

Trastorno delirante celotípico: La persona mantiene la idea delirante con absoluta convicción. *A pesar de que la evidencia y la lógica muestren lo contrario, la persona afectada se mantendrá inmodificable en su idea. En el caso de la celotipia, es la idea de que está siendo engañada por su pareja.* El contenido de las ideas delirantes es poco probable y, en ocasiones, llegan al extremo de ser fantasiosas. *La persona puede experimentar intolerancia, irritabilidad extrema, agresividad y confrontación que no se limita a su pareja, ni a su familia, sino que se extiende a su círculo social* (MGA, 2010).

Cuando una persona se enamora de alguien que es mala persona o tiene algún trastorno mental (fuente de violencia), suceden varias cosas que no permiten darse cuenta a la persona (la víctima) que se relaciona con alguien así: la corteza prefrontal, el área de donde proceden nuestros pensamientos más brillantes, el centro de operaciones desde donde se toman decisiones y donde se hallan las neuronas espejo y nos permiten ponernos en el lugar del otro no funciona adecuadamente. *Por lo tanto, la víctima toma como una realidad positiva las cosas que dice la persona mala (victimario), existe un fuerte lazo de apego. Recordemos que, en el enamoramiento, deja de funcionar la corteza prefrontal y el cerebro se vuelve adicto a la otra persona, por lo que es común que podamos observarla como el alma gemela, el amor de nuestra vida y todo queda idealizado.* **Así pues, si la pareja es buena o mala, al menos en esta fase, no lo detectamos y esto se convierte en un punto ciego.** Evidentemente a la larga, el efecto será más caótico y devastador, si nos enamoramos de una persona mala, por obvias razones.

El malo o el victimario, sí tiene la conciencia de las acciones que está haciendo y que perjudicarán a la víctima. La pareja vista como un grupo integrado por dos personas, si recibe una amenaza exterior (las críticas de los padres o los amigos hacia la persona mala), genera un efecto inverso: no separa a la pareja, la une, se vuelven más fuertes como grupo ante las adversidades. A esto se le llama efecto Romeo y Julieta.

La separación de los amantes, cuando están bajo el efecto Romeo y Julieta, es materialmente imposible, porque en ambos se activan los circuitos de recompensa. Digamos que están ebrios de dopamina y oxitocina (la hormona del placer y de la relación, la salud, la paz y la relajación, respectivamente).

Ambos suponen que han encontrado a su pareja ideal y que alguien los quiere separar. La víctima idealiza al victimario o persona con algún trastorno mental. En caso de ser separados, al menos la persona bondadosa sufrirá en la misma proporción, pero en sentido inverso a las descargas de placer que antes ha disfrutado. Y el dolor emocional puede llevar en la separación de los amantes, en casos extremos a la muerte.

Por otro lado, el victimario tampoco quiere separarse, porque el placer de éste radica en que ha encontrado a alguien vulnerable que podrá manejar a su antojo, le podrá cosificar y supone que tendrá el control casi absoluto por derecho propio.

Existe una solución paradójica frente a este tipo de amores: curiosamente, pueden desgastarse una vez que las adversidades no les persiguen o no les critican o tratan de separarlos. Podrían darse cuenta de que no van a ningún lado, es decir, son conscientes de sus patologías. Este nivel de conciencia se puede lograr por el desgaste de la relación o por la intervención de una estrategia terapéutica. Si conoces a alguna víctima en esa situación, éste sería el momento justo para ayudarle sugiriéndole apoyo emocional y psicológico mediante una terapia.

Reflexión final

Uno no alcanza la iluminación fantaseando sobre la luz,
sino haciendo consciente la oscuridad...
Lo que no se hace consciente
se manifiesta en nuestras vidas como destino.
CARL GUSTAV JUNG

Cuando una persona se enamora, en realidad, no distingue si la posible pareja es buena o mala. Serán las pequeñas acciones que suceden alrededor de la convivencia lo que puede ir revelando los puntos ciegos de la relación.

Estar con una persona que comparte en lo positivo va creando la ilusión de ser el alma gemela que muchas personas buscan.

En la primera fase del enamoramiento, sólo somos capaces de distinguir lo bueno de una persona mala. La corteza prefrontal no funciona y terminamos disculpando las acciones negativas, pues estar enamorado es transitar por un estado alterado de conciencia. Las razones a la luz de la neurociencia, hoy en día, son más claras. Se presentan grandes estallidos de dopamina y oxitocina, la hormona del placer y la hormona de la paz, la relación, la salud, la relajación y el descanso, respectivamente. ¡Ambas nos permiten sentirnos bien, disfrutar de la pareja, pero no pensar en el futuro!

Si la persona es atractiva, o la percibimos de forma positiva, o nos sentimos enamorados, no creemos que alguien así se atreva a hacernos daño. En todo caso, resulta más positivo y rentable guiarse por la personalidad de la pareja potencial y no sólo por el atractivo físico.

En ambas, si no detectamos los puntos ciegos, la factura emocional puede salirnos muy cara, pero más aún con las personas que resultan ser malas, ya sea porque desde la familia, su personalidad, su biología o su proceso de socialización resultó con alteraciones afectivas, cognitivas, genéticas o neuronales que les hace provocar daño a quien simplemente se acerca a ellas. Investiga un poco más sobre el contexto de tu pareja.

Por otro lado, no existe un perfil único de personas que potencialmente pueden hacernos daño. Lo mejor es apagar un poco la gratificación inmediata y fijarnos en algunos indicadores o signos que podemos detectar en una pareja potencial, sobre todo cuando muestran conductas negativas o conflictivas desde el principio, para decidir quedarnos e intentar mantener una relación o, simplemente, alejarnos por nuestra seguridad.

Reducir el número de parejas disparejas con saber es una labor inacabable. Es la lucha entre la gratificación inmediata y la gratificación postergada. Como decía el sociólogo Zygmunt Bauman: «Hay una crisis con el largo plazo: el verdadero compromiso requiere pensar a largo plazo» (Informarn, 2009).

Es una conducta compleja que aún se sigue investigando.

Referencias

APA (2010): *Diccionario conciso de psicología*. El Manual Moderno.

Aprendemosjuntos (2019): «Seis consejos para cuidar la salud de tu cerebro». Facundo Manes, neurocientífico [On-line]. www.youtube.com/watch?v=3-18pPud CxM

Clínica Mayo (2020): «Trastorno antisocial de la personalidad» [On-line]. www.mayoclinic.org/es-es/diseases-conditions/antisocial-personality-disorder/symptoms-causes/syc-20353928

DUHNE M. (2000): Revista ¿Cómo ves? Los rostros de la violencia, Año 2, Número 17, Revista de divulgación científica de la Universidad Nacional Autónoma de México, México.

FRANZOI, S. (2007): *Psicología social.* McGraw Hill.

GUILLE, I. (2004): «Men who Batter and Their Children: An Integrated Review». Agression and Violent Behavior, 9, 129-163.

HALGIN, R. y KRAUSS, S. (2004): *Psicología de la anormalidad (Perspectivas clínicas sobre desórdenes psicológicos).* Editorial McGraw Hill.

INFORMARN (2009): «Zygmunt Bauman: La crítica como llamado al cambio» [On-line]. www.youtube.com/watch?v=X4YGdqgCWd8

ISKANDAR, B. (2013): «Mimar no es malcriar» [On-line]. https://blogs.iadb.org/desarrollo-infantil/es/mimar-no-es-malcriar/

ROJAS, M. (2021): *Encuentra tu persona vitamina. (En la familia, en la pareja, en los amigos, en el trabajo).* Editorial Espasa.

MGA (2010): «Celos, celotipia: características, causas, síntomas, tratamiento» [On-line]. https://consultoriomga.com/celos-celotipia-tratamiento/

MARTÍNEZ, J.N.I. (2010): «Psicopatía: ¿Cuál es el origen del mal?» [On-line]. www.medigraphic.com/pdfs/residente/rr-2010/rr101d.pdf

MAYO CLINIC (2022): «Trastorno de personalidad narcisista» [On-line]. www.mayoclinic.org/es-es/diseases-conditions/narcissistic-personality-disorder/symptoms-causes/syc-20366662

NIH (s/f): «Trastorno límite de la personalidad» [On-line]. www.
nimh.nih.gov/health/publications/espanol/trastorno-
limite-de-la-personalidad#:~:text=El%20trastorno%20
l%C3%ADmite%20de%20la%20personalidad%
20es%20una%20afecci%C3%B3n%20mental,las%20re
laciones%20con%20otras%20personas

Pincus, J.H. (2013): «Índice de maldad, Asesinos en serie»,
consultado el 16 de marzo de 2014, en red: www.youtube.
com/watch?v=8Vtjso_jufY

Sue, D.; Wing, D. y Sue, S. (2010): *Psicopatología. Compren-
diendo la conducta anormal.* Cengage Learning.

Tjaden P. y Thoennes N. (2000): *Extent, nature and Con-
sequences of Intimate Partner Violence.* Washington, DC;
U.S.

Zimbardo P. (2007): *El efecto Lucifer (El porqué de la maldad).* Editorial Paidós, Barcelona.

SEPARACIÓN

CAPÍTULO 7

SEÑALES QUE OBSTACULIZAN LA SEPARACIÓN EN LA RELACIÓN DE PAREJA

Yo no quiero que te vayas,
pero tampoco quiero retener tu llama
para que otros nunca conozcan tu fuego,
ni mojar tu pólvora
para que no prendas junto a nadie.

MARWÁN

La fragilidad de los vínculos amorosos

El verdadero amor
no es otra cosa que el deseo inevitable
de ayudar al otro para que sea quien es.

JORGE BUCAY

Existen muchos motivos para iniciar una relación de pareja. Sin embargo, al menos de manera consciente, las personas no se casan o deciden ir a vivir juntos con el objetivo de separarse y menos aún de terminar en los juzgados con una violencia superlativa.

Y, cuando pensamos en una separación, algunos de los eventos más comunes que desgastan el vínculo inicial son la *infidelidad, los celos (trastorno delirante celotípico), la incom-*

patibilidad de caracteres, la intrusión de la familia política, ya no comparten los mismos objetivos iniciales que les unieron al principio, no detectar los puntos ciegos que desgastan la relación, el rompimiento de expectativas amorosas y el triunfo de la rutina, las diferencias en la educación de los hijos o el manejo del dinero, las adicciones de uno o ambos miembros de la pareja, la presencia de algún trastorno emocional (p. ej., trastorno obsesivo compulsivo, la ansiedad, la depresión, el trastorno límite de la personalidad)…
El catálogo es muy extenso, sin embargo, no todas las relaciones terminan a causa de alguna de las condiciones anteriores.

En todas las díadas, hasta en las más conflictivas, existen puntos en común que en algún momento fueron positivos. Y en las relaciones positivas y funcionales también existen eventos negativos. *No hay forma de garantizar que todas las relaciones lleguen a un final feliz. Tampoco en el pronóstico está escrito que las relaciones que mal empiezan mal deberán terminar.*

La actitud para resolver los problemas que tienen las parejas les puede llevar a permanecer o no en la relación. *Si buscamos motivos para permanecer en pareja, seguro que los encontraremos y, si buscamos motivos para irnos, también los encontraremos.*

El sociólogo Zygmunt Bauman (2020), en su libro *Amor líquido* señala que éste «procura desentrañar, registrar y entender esa extraña fragilidad de los vínculos humanos, el sentimiento de inseguridad que esa fragilidad inspira y los deseos conflictivos que ese sentimiento despierta, provoca el impulso de estrechar los lazos, pero manteniéndolos al mismo tiempo flojos para poder desanudarlos» (Bauman, 2020, pp. 7-8). **Esto es, en la paradoja, se presentan vínculos aparentemente fuertes y sólidos en el amor líquido, pero con amarras estratégicas para soltarlos ante cualquier conflicto menor.**

Son amores frágiles, cosificados, desechables, efímeros, emocionalmente vacíos, evanescentes, pasajeros, esporádicos, sin ataduras, sin compromisos de futuro, superficiales, virtuales, poco definidos y constantemente transitorios. En resumen, son amores de conexiones o contactos y plagados de miedo al compromiso.

Así, la separación será relativa (se separarán, pero están de alguna manera conectados y juntos) **o definitiva** (algunas parejas después de la separación no se volverán a ver nunca más), dependiendo del enfoque que cada pareja decida enfrentar. *Un aspecto más es el relativo al placer inmediato. Si pienso en lo positivo que ha tenido mi relación, dejo de ver lo negativo y ello se conoce con el nombre de «miopía al futuro»,* esto es, me quedo con lo bonito e inmediato, aunque sé que más adelante (a largo plazo) saldrá la peor versión de mí mismo o de mi pareja y, aun así, decido quedarme, no importa si es durante un corto o largo tiempo. Desde el punto de vista psicoanalítico es la idealización del otro. Independientemente de cualquiera de estos enfoques, tienen su punto de reunión a nivel cerebral en la corteza prefrontal: es la zona de donde vienen nuestros pensamientos más brillantes. Ésta deja de funcionar y toma el control la amígdala cerebral, el centro de nuestras emociones. Sí mi pareja me hace sentir bien, ¿quién va a renunciar a ello?

Muchos otros elementos intervendrán para que una pareja se quede o se vaya. Uno más es la impronta familiar y la compulsión a la repetición. Si en mi casa estaba normalizada una conducta de idas y regresos de mis padres, esto se nos hará normal repetirlo (impronta familiar). Y, si esta conducta viene desde nuestros abuelos (compulsión a la repetición), seguiremos con el mismo formato de vida generacional. Otro elemento es el placer inmediato, buscamos el placer, sentirnos bien con la pareja es más importante que planear la solución de problemas, esto se conoce con el nombre de gratificación inmediata.

¿Me separo o no me separo?

Tienes que aprender a dejar la mesa
cuando el amor ya no se sirve.
Nina Simone

La toma de decisiones está asociada también a la corteza prefrontal, *zona del cerebro de donde proceden nuestros pensamientos más brillantes, como las conductas de solidaridad, empatía y compasión.* Sin embargo, «ésta termina de madurar entre la segunda y la tercera década de la vida. Y tiene funciones intelectuales y cognitivas importantes, entre ellas destaca la interacción social. La interacción social cambia nuestro cerebro» (Manes, 2022). Espero que la interacción virtual que en hoy día tenemos a través de este libro te ayude a cambiar tu cerebro, sobre todo si estás pasando por momentos tan complejos como quedarte o permanecer en una relación de pareja. Sí, la factura emocional que estás pagando hoy es muy alta.

Elegir un producto en el mercado es más simple que tomar la decisión de vivir en pareja, pero separarse de la misma resulta también muy complejo, *pues está mediada por la maduración cerebral y por múltiples emociones y escenarios repletos de incertidumbre.* Muy probablemente uno de los eventos imbricados en este sentido es la activación de la amígdala cerebral, pues si ésta toma el control de las decisiones, hará que la corteza prefrontal se vuelva torpe. Y es en este escenario de neurociencias en donde empiezan las acciones dubitativas para enfrentar este delicado momento. En palabras simples, si tengo miedo de dejar la relación, aunque sea negativa, no podré dejarla y permaneceré en ella, no importa si soy infeliz.

Este aspecto tiene muchas complejidades. Ya desde el siglo pasado en la época de los sesenta, el psicoanalista y representante de la corriente de la psicoterapia existencial Igor Caruso escribía en su obra *La separación de los amantes*: «**Este ensayo está dedicado a aquellos que han sido separados: a los amantes, a los que odian, a los indiferentes, a los perplejos y a los confiados**» (Caruso, 2020, pág. 7). Entre otros puntos destaca:

- La separación definitiva de los amantes es quizá una de las experiencias más dolorosas que experimentamos como seres humanos, junto con la muerte.

- El dolor es tan complejo, como las necesidades, la personalidad y el contexto de las personas que se separan. Tiene un carácter único, singular, aunque también tiene cosas en común con otras parejas.

- El premio del placer cuando disfrutamos de una pareja es la misma porción superlativa y dolorosa. Esto es así con la misma fuerza con la que amamos, terminamos sufriendo. No importa que haya habido aspectos negativos en la relación.

- Una de las explicaciones sobre el dolor simbólico que sienten los miembros de la pareja es que el otro muere en mí, en mi conciencia, y yo muero en la conciencia del otro.

- Se puede pasar de la nostalgia a la agresión del otro (muy común en las redes sociales y con los amigos o familiares en la interacción cara a cara), pueda pasar a la agresión propia y, si el dolor es tan grande que resulta insoportable, se puede pasar a la autoagresión y en casos extremos al suicidio.

No es cuestión del azar, ni de deshojar una margarita. Es un proceso sumamente complejo. Y existen muchas condiciones para ello:

Relacionadas con el tiempo

- **El tiempo estimado** para tomar la decisión de dejar una relación cuando una persona es consciente de que ya no se siente cómoda «**va desde los siete meses hasta los cinco años**» (Lewandowski, 2021, pág. 252).

- **Existen parejas que** por una simple falta o mal entendido **terminarán separadas**. Y **otras** que soportarán las faltas más graves, **sin separarse** físicamente, hasta que la muerte les separe.

- **Otras nunca se separarán**, pero vivirán separadas emocionalmente. Vivirán en divorcio psicológico, incluso en el mismo espacio domiciliario.

- **Si hemos vivido una relación larga será más difícil tomar la decisión**, sobre todo si la pareja han pasado mucho tiempo juntos. *Esto no solamente por la costum-*

bre de vivir juntos en pareja, sino también por la presión social de la familia.

- **Separarse dejará la sensación de haber tenido un tiempo perdido** *y a ninguno de nosotros nos gusta perder.*

Relacionadas con las emociones

> *Todavía*
> *estoy esperando*
> *ese apasionado beso*
> *bajo la lluvia.*
> HARRY STYLES

- Pensar en el dolor emocional que produce una separación podrá paralizar a uno o ambos miembros de la díada. **Para el cerebro, es lo mismo el dolor físico que el dolor emocional.** Así pues, imaginemos a una persona viviendo por mucho tiempo con un brazo roto, en esta metáfora, algunas personas podrían pensar materialmente en quitarse la vida, antes de dejar o ser dejado por la pareja. Algunas son referidas como relaciones tóxicas por las relaciones de dependencia emocional que se establecen.

- **Se experimenta miedo a la soledad.** Una característica muy importante de los seres humanos es que somos relacionales y vivir en interacción social es parte de la esencia de nuestro ser. *Estar solo, al menos en el paleolítico, era prácticamente una sentencia de muerte.*

- **Se experimenta el miedo a volver a estar solteros.**

- **Existe un miedo a la independencia social, económica y emocional.** En la paradoja ser libre causa miedo, sobre todo, si en general, se ha vivido acompañado.

- *Duele emocionalmente saber que nos hemos equivocado en la convivencia cotidiana.*

- **Creemos que todos los finales duelen y no los queremos enfrentar.** Es la e*moción de dolor anticipada y el miedo anticipado.* No importa si dejamos o nos dejan, de cualquier manera, se experimentará algún tipo de emoción anticipada.

- Sí, alguno de los miembros puede ser dependiente emocional de los hijos (cuando los hay) y de la propia pareja. Se retrasará la toma de decisión y alguno o ambos miembros pretenderán retener a la pareja **por el temor de que el otro conozca a un mejor amante.**

Relacionadas con la interacción social

*No sabía lo que quería
hasta que quería verte todos los días.*

- Cuesta más trabajo la separación **si la persona se siente sola o piensa que dejará sola a la pareja** y *piensa en la forma cómo le afectará la ruptura.*

- **Separarse implica contarlo a otras personas** y con ello se deberá enfrentar un duelo social. Muy probablemente preguntarán por la ausencia de la pareja: amigos, familiares, conocidos o compañeros de trabajo o la escuela. Sin embargo, también la pareja pasará por un duelo individual y otro más como pareja. *En total, se enfrentarán tres tipos de duelos: individual, de pareja y social, los cuales forman parte de la identidad de la díada.*

- Las personas no se separan porque **llegan a un par de acuerdos y se genera la ilusión de un arreglo simbólico**, aunque éste sólo dure un par de días o semanas. *La ilusión de lograr algunos acuerdos genera la percepción del arreglo o fin del conflicto en la díada.* Sin embargo, esto puede ser sólo una ilusión. Se reducen las posibilidades de separación cuando se trabaja el desgaste de la relación de pareja en terapia.

- **Se realiza una evaluación ambivalente de vivencias positivas y negativas** que dificultan tomar la decisión de separarse. Es una conducta similar a la de un ludópata, *se espera que regresen los buenos momentos o eventos de placer que en algún instante se vivieron* (expectativa del placer y el renacimiento de las expectativas de vida en pareja), aunque éstos correspondan al pasado y posiblemente nunca se repitan. **Un principio de la neurociencia es que la expectativa del placer genera placer.** Esto es, no se regresa con la pareja, pero en el cerebro se crea la ilusión de ya haber regresado. A las malas experiencias se les da poca importancia en este proceso de toma de decisión y ello se convierte en un punto ciego.

- *Implica en muchos casos la división de los hijos, los amigos y los bienes materiales.*

- **Creemos que nunca vamos a encontrar un amor igual**, al que se tiene con la pareja actual. De hecho, esto es cierto, pues las relaciones son únicas. Sin embargo, podríamos disfrutar de cosas mejores y evitar cosas peores si cerramos nuestros ciclos emocionales y de vida en pareja.

- **Nos aferramos a la relación que tenemos:** *¡Más vale malo por conocido que bueno por conocer!*

- **Somos procrastinadores en la toma de decisiones.**

- **No nos damos cuenta de que la realidad inicial de la pareja** (enamoramiento) **ya cambió y muy probablemente nunca regresará.**

- **Se romperán las expectativas individuales y de pareja,** de vivir una vida juntos y envejecer.

- Aun viviendo aparentemente separados o incluso divorciados, **no se acepta la separación definitiva y se siguen realizando actividades juntos.**

- **Nos aferramos a querer seguir siendo amigos**, para seguir monitoreando a la pareja o «stalkearla». Un *stalker* es la persona que espía o vigila a otra, a través de sus redes sociales; son observadores silenciosos o fantasmas. *Ello no permite la posibilidad de conocer realmente a una nueva pareja y seguir encadenado al pasado.*

No se trata de una lista exhaustiva, sólo se han enumerado las conductas más comunes que se viven en la actualidad.

Beneficios de la separación: ¡No todo es negativo!

En medio de la dificultad reside la oportunidad.
ALBERT EINSTEIN

Podría pensarse que el resultado final de la separación tiene efectos negativos, *pero en su paradoja existen eventos que resultarán positivos*:

- **Salir de relaciones malas** *(abusivas, de control excesivo o tóxicas)* **aumenta la salud física y emocional.**

- **Podemos** poner a prueba nuestra capacidad de **crecer en la adversidad** y ser resilientes.

- **Separarse nos dará la posibilidad de llevar a cabo metas u objetivos pendientes**: aprender a cantar, terminar una carrera, crecer en lo académico, lo laboral o lo espiritual, desarrollar nuevas habilidades, recuperar la propia identidad, ser libre.

- **Es importante cerrar ciclos de vida y aprender de los errores del pasado.**

- **Podremos crear un mejor futuro y vivir con mayor calidad de vida** a pesar de las adversidades.

- *«La toma de decisiones humana no es un proceso lógico ni computacional, sino que está guiado por las emociones».* (Manes, 2022). **Y si las emociones están fuera de control, es muy difícil tomar el control de la propia vida.**

- *Si no sabes cómo hacerlo, consulta a tu terapeuta de confianza.*

Referencias

BAUMAN, Z. (2020): *Amor líquido (Acerca de la fragilidad de los vínculos humanos).* Fondo de Cultura Económica.

CARUSO, I. (2020): *La separación de los amantes (Una fenomenología de la muerte).* Siglo XXI editores.

MANES, F. (2022, 18 de septiembre): «Lo que nos hace humanos: secretos del lóbulo frontal» [video]. YouTube. www.youtube.com/watch?v=r5M018pEkL4

LEWANDOWSKI, G. (2021): *El amor nunca es suficiente.* Editorial Diana.

CAPÍTULO 8

LOS CELOS: ES MÁS FÁCIL SENTIRLOS QUE ENTENDERLOS

Los celos son los hermanos del amor,
como el diablo es hermano de los ángeles.
STANISLAS DE BOUFFLERS
Estadista y escritor francés, 1738-1815

Marido celoso, no tiene reposo.
REFRÁN POPULAR

Testimonios anónimos

- *¡Si no te cela, es porque no te quiere!*

- *¡Necesitas borrar a todas las mujeres de tus redes sociales, no me siento segura contigo!*

- *¡Me saludas a tu novia en turno y me traes un trozo de pastel de bodas!*

- *¡Yo si puedo tener amig@s, pero tú no, porque no eres una persona confiable!*

- *¡Incluso si platicaba con mis familiares se ponía celoso!*

- *¡El problema eres tú, yo no necesito ningún terapeuta para que lo sobornes y me diga que yo soy la celosa!*

- *¡Yo no era celoso, pero ella me hizo ser así!*

- *¡En el supermercado, no puedo mirar a ningún lado, porque se molesta y me dice que estoy viendo a otras personas!*

- *¡Vivir con una persona celosa es un verdadero infierno!*

- *¡Estaré más tranquilo el día que admita que me engaña cada vez que sale de casa!*

- *¡Al principio me defendía de sus acusaciones, pero era contraproducente! Nunca comprobó nada, pero sus reclamos tienen más de 30 años.*

- *¡Supongamos que la mate, pero si la maté es porque la quería!*

Experimentar celos es una de las experiencias que más incertidumbre crean en las personas. Como seres humanos, todos tenemos la necesidad de amar y de ser amados. Sin embargo, ¿qué sucede cuando depositamos nuestra confianza y nuestras expectativas afectivas en alguien y suponemos que esa persona nos está traicionando? ¿Los celos son una forma de amor? ¿Son fruto de una imaginación desbordada, falta de empatía, frustración, narcisismo, celos delirantes, conducta psicótica, baja autoestima, carencia de remordimiento después de realizar actos negativos contra la persona celada? ¿Una persona que vivió en un ambiente funcional puede llegar a experimentar celos enfermizos? ¿Una persona que vivió en un hogar donde los celos eran comunes tenderá a repetir ese patrón? ¿Existen los celos normales y los patológicos? **Hasta el momento, son más las peguntas que en ocasiones las respuestas que tenemos.** *Sin embargo, es un hecho contundente en los testimonios anteriores: «todas las personas han experimentado alguna forma de celos, ya sea del lado del celoso o de la persona celada».*

Atraparé la luna

Fue una locura intentar detener la luna
con un poema: ¡Lo sé!
Sin embargo, diseñé una estrategia más prudente
y al mismo tiempo más inocente e inteligente.
Cité justo a medianoche: ¡Al sol de la noche!

Empecé a platicar con ella, para llevarla al bosque.
El plan, funcionaba a la perfección. Cuanto más la
seducía con mis palabras, más nos íbamos internando
en la inmensidad de árboles enormes, olores fragantes
y una brisa que seduce a cualquiera.

Y lo más increíble fue atrapar a la naturaleza con
la naturaleza. La luna se fue atorando entre los árboles
inmensos y al parecer todo el objetivo se cumplía para
mi júbilo perverso. El mensaje encriptado, era:
«dejar sin una inspiración a todos los amantes
que se declaran su amor frente a la luna».

Mis celos, eran mi motivación: ¿Por qué alguien
puede tener una pareja y declararle su amor con la
luna como testigo? «Si yo no tengo pareja, entonces,
nadie la tendría». «Nadie, al menos teniendo la luna
como testigo».
El momento de éxtasis cambió intempestivamente.
En un giro inesperado cuando la luna yacía atrapada
por las ramas de los árboles, como una red
de pescador.

Para mi desgracia, la naturaleza salvó también a la
naturaleza. ¡Cuando sin percibir el paso de la noche,
llegó en su auxilio el astro rey, se hizo de día y se llevó
a su amada!

JUAN ANTONIO BARRERA MÉNDEZ

El conocimiento científico de los celos

*La ciencia humana consiste más en destruir errores
que en descubrir verdades.*
SÓCRATES (470 a. C-399 a. C) Filósofo griego

*Lo que conocemos es una gota,
lo que no conocemos es un océano.*
ISAAC NEWTON (1643-1727)

**Generalmente cuando hablamos de ciencia, a algunos les
viene a la cabeza el método científico.** Otras personas pen-
sarán en resonancias magnéticas para explorar el cerebro del

celoso. Otras dirán: «Lo dijo un experto que entrevistaron en la televisión». Y todas se podrían considerar como una verdad absoluta, como algo incuestionable, sobre todo si lo dicho por los expertos está basado en teorías, investigaciones, encuestas, técnicas sofisticadas para recabar datos. Sin embargo, todas ellas tendrán algunas diferencias entre sí, pero serán expresadas como verdades casi absolutas.

En la construcción del conocimiento, e general, se parte de algo que los expertos llaman el objeto de estudio, en este caso los celos. *Para poder explicar dicha conducta se hace uno de una estrategia relativamente simple. Se define lo que se entiende como celos y entonces se observa, se describe, se explica y se predice por qué alguien es celoso o podría serlo.*

También se habla de enfoques: cuantitativo *(se observa y se cuenta la conducta),* **cualitativo** *(se observa y se clasifica la conducta),* **hermenéutico** *(se realiza una interpretación de la realidad de la conducta observada)* **o una manera de entender la realidad utilizando el pensamiento complejo** *(se parte entre muchas variaciones que la conducta es un todo organizado, que se sigue transformando constantemente).*

Para el biólogo, filósofo y escritor chileno Humberto Maturana, «la ciencia moderna es un dominio peculiar de explicaciones y afirmaciones derivadas acerca de la praxis del vivir que es definida y constituida por el observador» (Maturana, 1997, pág. 30). Esto es, la ciencia se construye desde la mirada del observador.

Se dice que la ciencia es objetiva en el esquema positivista (es decir, la ciencia se considera como tal si se basa en teorías y en el método científico). *Sin embargo, experimentar celos dentro de lo objetivo de estos enfoques, cada persona lo vive de forma subjetiva y única, pero con algunas coincidencias en su* cuerpo, mente y contexto. Es la unidualidad del esquema mente-cuerpo en el concepto de salud-enfermedad.

Las diferentes definiciones conceptuales de los celos

El que de la ira se deja vencer, se expone a perder.
PROVERBIO

No estaba espiando tu Facebook,
sólo me aseguraba de que no te escribieran cosas indebidas.

Celos: *Sospecha, inquietud y recelo* de que la persona amada haya mudado o mude su **cariño poniéndolo en otro** (Punset, Bisquerra y Laymuns, 2018, pág. 59).

Celos: Sentimiento que experimenta una persona cuando teme o sospecha que la persona amada quiere o **desea** a otra, o cuando siente que otra persona prefiere a una tercera en lugar de a ella: tener celos de alguien. Sentimiento de *envidia* que provoca el **deseo** de tener o disfrutar de algo que tienen o disfrutan los demás (Larousse, 2003, pág. 220).

Celos: Emoción negativa en la que el individuo siente que una tercera parte parece despojarlo (o es probable que lo despoje) del **afecto** de un ser querido. Los celos implican una relación social entre tres individuos: el celoso, la pareja **deseada** por el individuo celoso o con quien mantiene una relación, y **el rival** que representa una amenaza anticipada para esa relación. Las **relaciones románticas** son la fuente prototípica de los celos, pero cualquier relación significativa (con los padres, amigos, etc.) es capaz de producirlos. Se distinguen de la *envidia* por el hecho de que siempre involucran a **tres personas** (APA, 2010, pág. 73).

Celos: Sentimiento de celotipia. Estado emotivo ambivalente con manifestaciones de *odio* y de *agresión,* algunas veces violentas, contra una persona amada porque demuestra afecto por otra, a la que es extendido el sentimiento de *odio.* Celotipia patológica, cuando en la realidad falta **el rival** y se basa en **fantasías** (Merani, 1979, pág. 27).

En la riqueza del lenguaje, unas palabras sirven para definir y describir otras. Los celos formarían parte del universo de emociones descritos por Eduardo Punset y estarían integrados por *agrupaciones de conceptos llamados galaxias o familias de emociones* y en su parte estructural estarían al menos tres de ellas: **la familia de la ira y la ansiedad presentes y la familia del amor, esta última como una galaxia a punto de estar ausente.** Entonces, los celos serían también expresados por palabras como agresividad, antipatía, bronca, cólera, cinismo, desafecto, desamor, desapego, desconfianza, enojo, envidia, enfado, despecho, desprecio, disgusto, egoísmo, enemistad, enfado, furia, hostilidad, impulsividad, ingratitud, ira, irritabilidad, malevolencia, molestia, obsesión, rivalidad, odio, rabia, rechazo, resentimiento, sospecha, traición y más.

Es normal dentro del pensamiento cotidiano reducir las cosas y simplificarlas, para no hablar de una gran complejidad. Prueba de ello es agrupar bajo la palabra «celos» diferentes explicaciones de éstos, como todos los conceptos arriba mencionados, a esto se le llama polisemia, es decir, entender un concepto con muchos más conceptos, como si fueran sinónimos. *En general, se trata de emociones, sentimientos o conductas que se sienten ante la posible pérdida de las atenciones, los afectos o el amor del ser amado, pero existen otras posibilidades.*

En la galaxia de la ira se encuentran los celos, la sospecha, el recelo, la envidia, el odio y la agresión, como se muestra en las definiciones conceptuales anteriores. Al formar parte de la misma galaxia, podría tomarse a la ira como celos o los celos como una forma de experimentar la ira (polisemia del lenguaje y polisemia de las emociones). **Lograr una definición única de los celos es algo complejo, y algo complejo puede entenderse como un sistema. Yo preferiría llamar entonces a las familias o galaxias sistemas complejos.** *«Un sistema es un conjunto de partes o elementos conectados entre sí, formando una totalidad, la cual produce algún efecto o realiza alguna función. Los sistemas complejos están compuestos de muchas partes, pero la manera en que estos componentes interactúan entre sí, y la interacción también del sistema en su totalidad con el entorno, rebasa el conocimiento que podría derivarse de un mero análisis de las partes.* **Se dice que los sistemas complejos son más, que la suma de sus partes»** (McNab, 2017). El todo gobierna las partes. En las partes está inscrito el todo. El sistema complejo tiene componentes y son productos y productores. En fin, es un todo que aún no se encuentra definido completamente.

El celoso desea poseer al ser amado y siempre encuentra sospechas de un rival real, imaginario o potencial, que amenaza con dejarlo sin el amor del ser amado.

En este nivel de complejidad cada persona experimenta los celos de forma única, a esto se le llama singularidad.

Otros enfoques para entender los celos

El amor celoso enciende su antorcha
en el fuego de las furias.
EDMUND BURKE

Los celosos certificados lo estarán del pasado,
el presente y el futuro de la pareja.
JUAN ANTONIO BARRERA

En la complejidad para analizar los celos, también voy a considerar otros elementos que intervienen de manera directa o indirecta:

- *Límites entre lo normal y lo patológico* (ocupan un lugar simbólico entre el amor y el desamor). Si bien es un asunto complejo hablar de lo normal y lo anormal, algunos autores toman como referencia los siguientes criterios:
  — **Perturbación:** Es *la experiencia de dolor físico o emocional,* común en la vida. Algunas veces el nivel de dolor es tan grande que al individuo le cuesta mucho trabajo funcionar. Algunas personas no pueden sobrellevar las tareas de la vida diaria.
  — **Deterioro:** En muchas circunstancias la perturbación intensa conduce a *una reducción de la habilidad de la persona para funcionar. El deterioro implica una reducción de la habilidad de la persona para funcionar a un nivel óptimo o incluso a un nivel promedio.* Algunas personas para ocultar su nivel de perturbación y deterioro presumen de lo bien que se sienten.

143

— **Riesgo para los demás y para uno mismo:** Algunas veces las personas generan un riesgo para sí mismas o para los demás. En este contexto, riesgo se refiere a un peligro o a una amenaza al bienestar de una persona. *Los pensamientos o las conductas de un individuo pueden amenazar el bienestar físico o mental propio (suicidio) o de otras personas (homicidio).*

— **Conducta social y culturalmente inaceptable:** El último criterio se define como la *conducta que está fuera de las normas* del contexto social y cultural donde sucede. Personas que se desvían de las normas esperadas (Halgin y Krauss, 2004, págs. 5-6).

- *Son relaciones de apego disfuncional.*
  —En general se conocen como relaciones tóxicas o dependientes.

- *Son incertidumbre sobre la realidad de la relación (son imaginación o fantasía).*
  — **El celoso siempre trata de disminuir la incertidumbre y atenuar el riesgo de perder a la persona amada y, sin darse cuenta, en ese intento se dirige hacia la destrucción del amor** (Díaz y Manrique, 2012, pág. 10). Hipervigilar, ser intrusivo, y sobreprotector con la pareja, y no dejarle movilidad social, independencia y autonomía termina sofocando la relación.

- *Etiología (sociedad patriarcal).*
  — *Sociedad cuya cultura pone en manos del cabeza de familia varón o grupo de parentesco,* según

los casos, una notable autoridad y poder sobre los demás (Pratt, 2018, pág. 281). *Los celos del hombre hacia la mujer son socialmente aceptados en este tipo de sociedades.*

- **Son psicosociobiología** *(instinto, compulsión a la repetición, son impronta familiar, competitividad extrema).*

  — Eduardo Punset en una entrevista al neurocientífico Ralph Adolphs sobre los celos, dice: «Creo que **deberíamos considerar los celos como una de las emociones que llamamos sociales o autoconscientes**»… «*Por otro lado se dice que el hombre por su parte busca invertir bien en sus genes y esto lo convierte en celoso. El macho en los animales y en los hombres vigila a la hembra e intenta mantener a los demás machos alejados porque no quiere perder su inversión y quiere tener una buena descendencia. De hecho, los celos forman parte de la relación amorosa y del mantenimiento de la pareja, son un sentimiento de defensa contra las alertas de infidelidades y abandono* (Alemar, 2014).

  — **El córtex prefrontal** *(relacionado con el autocontrol y la toma de decisiones)* **regula la actividad de la amígdala** (centro de las emociones). **Sin embargo, en un ataque de celos, la corteza prefrontal pierde la batalla y por ello se realizan en general muchas acciones impulsivas que causan más destrozos que reparaciones en la pareja.**

  — **La compulsión a la repetición son las conductas que generacionalmente tienden a repetirse sin que los descendientes sean conscientes de ello.** Esto es, si los abuelos fueron celosos, los padres lo son y los nietos también inconscientemente repetirán esa conducta.

— *La impronta familiar es el sello sensorial asociado a las conductas familiares que los padres enseñan a los hijos. Si los padres han sido celosos, a los hijos se les hará natural serlo y repetir así la conducta de los padres.*

- **Son emoción** (*cuyos componentes son fisiológicos, cognitivos –sentimiento de celos– y conductuales*), **son intensidad**; leve, moderado o agudo, **son temporalidad**; cortos largos y crónicos y obedecen al pasado, al presente y al futuro.

  — Todos experimentamos emociones continuamente, pero **no siempre sabemos reconocerlas o definirlas.** *Una emoción es una respuesta más compleja de lo que podemos suponer* ya que, de hecho, incluye varios aspectos simultáneamente: neurofisiológico, comportamental y cognitivo. *La respuesta neurofisiológica se refiere a las respuestas corporales internas* (taquicardias, sudoración, temblor en las piernas, secreciones hormonales, neurotransmisores, etc.). *La respuesta cognitiva es lo que experimentamos, principalmente con la cara* (sonrisa, llanto, cara de enfado). La parte cognitiva se refiere a que podemos tomar conciencia de las emociones que experimentamos y ponerles nombre. **En la medida que somos capaces de dar nombre a las emociones de forma correcta, estamos en mejores condiciones de saber lo que nos pasa y regular mejor nuestras emociones.** *Los* *estímulos que activan nuestras emociones pueden ser internos o externos. Los pensamientos, recuerdos, fantasías… pueden provocar emociones.* Las emociones son resultado de una valoración de los estímulos y acontecimientos que nos rodean. ***Mediante un mecanismo innato y automático valoramos los acontecimientos percibidos en función de nuestras creencias, intereses y objetivos.*** Una emoción se produce en fracciones de segundo, y puede durar minutos, horas o incluso días. Los sentimientos son las emociones hechas conscientemente (Punset, Bisquerra y Laymuns, 2018, págs. 15-17).

- ***Son polisemia*** dentro del lenguaje (en el universo de emociones son parte de la ira y la tristeza). *Yo los llamo sistemas complejos de pensamiento.* Son palabras que tienen varios significados.

- **Son psicología pura**: la sombra personal junguiana (culpa, traición, envidia, violencia, inseguridad, miedo, duda, caducidad del amor…), el Edipo Freudiano, son idealización.
  — ***Un ejemplo de cómo podemos observar la sombra se da en*** *los sentimientos exagerados que tenemos hacia los demás, las acciones impulsivas o inadvertidas, en los momentos que nos sentimos humillados y en los enfados desproporcionados que experimentamos.*

- ***Son enfermedad*** (trastorno narcisista, trastorno delirante, obsesión, delirio, acoso, persecución, violencia extrema, asesinato).

— **En el trastorno delirante**, *existen diferentes tipos; se destaca el celotípico, se caracteriza por el delirio de que la pareja sexual es infiel.* Por ejemplo, un hombre puede estar erróneamente convencido de que su esposa tiene un romance, y puede construir un conjunto de «*evidencias*» de eventos domésticos rutinarios (como un cobro inexplicable en el recibo del teléfono) para «*probar*» la infidelidad (Halgin y Krauss, 2004, pág. 366).

— **Obsesión,** pensamiento, idea, imagen o impulso persistente que se experimenta como algo molesto e inapropiado y que genera una marcada ansiedad, angustia o incomodidad (APA, 2010, pág. 350).

— **Trastorno narcisista de la personalidad,** alteración de la personalidad caracterizada por un sentido de autoimportancia poco realista y excesivo y por la falta de sensibilidad ante las necesidades de las demás personas (Halgin y Krauss, 2004, pág. 603).

—**Delirio, desorden de las facultades intelectuales caracterizado por una serie de ideas erróneas,** *que chocan con la evidencia, inalcanzables por la crítica. El delirio se acompaña a veces de trastornos de la conciencia* (Merani, 1979, pág. 27).

• *Son interacción y relación social disfuncional* mediadas por la neurociencia social.

La neurociencia social estudia cómo el ambiente influye en el cerebro y éste en el ambiente. «Estudia la relación entre los procesos neurológicos del cerebro y los procesos sociales» (Franzoi, 2007, pág. 21).

- *Son violencia: cosificación del celado.* Degradar a un ser humano viéndolo o tratándolo como cosa.

- *Son idealización y ceguera del futuro.*
  - *— Idealización: la exageración de los atributos positivos* y la minimización de las imperfecciones o fallas asociadas con una persona, cosa o situación, de modo que se ve como perfecta o casi perfecta (APA, 2010, pág. 255).
  - *— Ceguera del futuro:* **vivir con una persona celosa es un infierno.** *El celoso cree que su pareja va a cambiar y vivirán felices sin la interacción social con otras personas más.* Y la persona celada creerá que el celoso va a cambiar. *Ambos saben inconscientemente que ninguno de esos escenarios sucederá, pero deciden permanecer en la relación.* «**La miopía del futuro se da en la toma de decisiones, se privilegia la recompensa inmediata** (estar con la pareja), aunque esto tenga repercusiones negativas a medio o largo plazo» (Manes y Niro, 2014, págs. 238-239).

- *Son razonamiento motivado por parte de ambos miembros de la díada.*
  - **— El razonamiento motivado** *es pensar que tienes la razón, aun cuando sabes que estás equivocado.* A través de un sesgo cognitivo, interpretas la realidad, «seleccionamos los datos coincidentes con lo que queremos creer y reforzamos así nuestros preconceptos en un movimiento de retroalimentación y, como gesto contrario, los evitamos, los ignoramos, les quitamos valor o simplemente olvidamos, lo que

les contradice» (FM Aveyron, 2018*). El celoso va a comprobar a todas luces que tiene razón y que el celado es una persona infiel o que pretende abandonarle.*

- ***Son falta de inteligencia emocional*** *en la resolución de conflictos.*
  — «Peter Salovey y John Mayer (1990) acuñaron el término inteligencia emocional. El cual *se refiere a cuatro competencias relacionadas: las habilidades para percibir, usar, entender o regular, las emociones las propias y las ajenas, de modo que nos permitan alcanzar metas*» (Salovey & Mayer, citado en Sandoval 2018). Esta estrategia de cuatro puntos se puede utilizar en la resolución de conflictos en los celos.

- ***Son ceguera del amor e ilusión de una relación permanente e inmutable.***
  — *En la ceguera del amor, las personas llegan a suponer que la relación inicial de pareja nunca cambiará y todo permanecerá tan lindo como el primer día y que en la ilusión vivirán felices para siempre.*

Son todos los elementos anteriores y muchos más.

A manera de colofón

> *Todo aquello que inicia*
> *uniendo enloquecidamente a los amantes*
> *termina por separarlos*
> *como consecuencia de*
> *la idealización del amor, los celos*
> *y la codependencia emocional.*
>
> JUAN ANTONIO BARRERA

Los celos son singularidad dentro del pensamiento complejo (los sistemas o conceptos imbricados, son una totalidad –es un evento holístico– y es un evento sistémico, pertenecen al mismo ensamblaje).

Cada persona los vive como una realidad única. Son patología dentro de la normalidad, ceguera con respecto al futuro, compulsión a la repetición, impronta familiar, ceguera del amor, idealización, diferentes trastornos mentales, falta de inteligencia emocional, emoción social (instinto), son violencia y cosificación de la persona, son polisemia en la descripción de las emociones, son sociedades patriarcales, es una amígdala cerebral en secuestro emocional que no permite pensar, sólo actuar, son puntos ciegos al relacionarse con una pareja y mucho más.

No detectar como punto ciego el que una persona sea celosa nos lleva a dejar de lado la personalidad del celoso y elegirle sólo por su apariencia física y su contexto. *Y ello será garantía de conflicto permanente desde el principio hasta el fin de la relación de pareja.*

Existen muchos esfuerzos por entenderlos y dentro de la realidad de cada investigador suponen una parte de ver-

dad al analizarlos. *Y todos tienen una parte de razón. Sin embargo, no existe una propuesta universal única de análisis.*

Por lo tanto, es más fácil experimentarlos que estudiarlos. *Y en su análisis se deberían tomar en cuenta muchos más aspectos y no sólo centrarlos en un par de emociones asociadas a la pérdida del amor de una pareja.* A pesar de ello, un acierto indiscutible es que todas nuestras conductas están aparejadas a alguna emoción o a una compleja mezcla de ellas. Sin emoción no hay planificación, ni razonamientos, ni toma de decisiones, ni pasiones en la vida. El análisis de los celos sigue en proceso de construcción.

Referencias

ALEMAR (2014): «Para qué sirven los celos», consultado el 23 de julio de 2021, en red: www.youtube.com/watch?v=oj0XbpexsQ4&t=602s

APA (2010): *APA Diccionario conciso de Psicología*. Editorial Manual Moderno, México.

DÍAZ, T. y MANRIQUE, R. (2012): *Celos ¿Amar o poseer?* Editorial Trillas, México.

FM AVEYRON (2018): Dr. Facundo Manes: «Por qué la evidencia no logra cambiar lo que pensamos», consultado el 26 de abril de 2021, en red: www.fmaveyron.com.ar/noticia/6208/1.html#:~:text=Este%20comportamiento%2C%20conocido%20como%20%E2%80%9Crazonamiento,olvidamos%20lo%20que%20los%20contradice)

FRANZOI, S. (2007): *Psicología social*. Editorial McGraw Hill, México.

HALGIN, R. y KRAUSS, S. (2004): *Psicología de la anormalidad (Perspectivas clínicas sobre desórdenes psicológicos)*. Editorial McGraw-Hill, México.

LAROUSSE (2003): *El pequeño Larousse ilustrado*. Ediciones Larousse, Colombia.

MANES, F. y NIRO, M. (2014): *Usar el cerebro (Conocer nuestra mente para vivir mejor)*. Editorial Paidós, México.

MATURANA, H. (1997): *La objetividad, Un argumento para obligar*. Dolmen, Santiago de Chile.

McNAB, D. (2017): «El paradigma de la complejidad», consultado el 23 de julio de 2021, en red: www.youtube.com/watch?v=Uly1n6tOOlA

MERANI, A. L. (1979): *Diccionario de Psicología*. Editorial Tratados y Manuales Grijalbo, México.

PRATT, H. (2018): *Diccionario de sociología*. Editorial Fondo de Cultura Económica, México.

PUNSET, E.; BISQUERRA, R. y LAYMUNS, G. (2018): *Diccionario de emociones y fenómenos afectivos*. Edición PalauGea, Valencia.

SANDOVAL, S. (2018): *Psicología del desarrollo humano II*. Compilación. México, Universidad de Sinaloa.

CAPÍTULO 9

EL CHANTAJE EMOCIONAL
Y LA MANIPULACIÓN EN LA PAREJA

El miedo que no se supera puede durar toda la vida.
BERNARDO STAMATEAS

Dejamos de temer aquello que empezamos a conocer.
MADAME CURIE

Antecedentes

Existen múltiples razones por las cuales las personas se reúnen en una relación. Lo que se conoce como relaciones de pareja *analiza los aspectos positivos y negativos de la misma.*

De hecho, cuando dos personas se unen en lo positivo, podría ser un excelente medio para lograr la madurez y debería convertirse en una fuente de satisfacción personal para vivir grandes momentos de bienestar.

Por otro lado, compartir una vida podría ser también la posibilidad de explorar la historia personal y la de la pareja con el fin de identificar aspectos positivos y negativos de ambos y construir un nuevo modelo que permita aprender y madurar en la vida. Y al mismo tiempo alcanzar propósitos, salvando obstáculos vividos ya sea de manera individual o en la conformación de esa dualidad.

Sin embargo, cuando la convivencia nos lleva más bien al conflicto, podríamos permanecer la vida entera. Generalmente, en lo disfuncional, la pareja se convierte en una dualidad complementaria, un cóncavo y un convexo que por más disfuncional que parezca podría mantenerse literalmente hasta que la muerte les separe.

El caldo de cultivo que permite el conflicto permanente en las relaciones mediadas por el chantaje y la manipulación podría encontrarse en la impronta familiar que ha vivido cada miembro, en la compulsión a la repetición de las relaciones poco afortunadas que vivieron nuestros abuelos, nuestros padres y, que inconscientemente, podría repetir la nueva dupla. Debemos sumar también los trastornos de personalidad que arrastramos en nuestro árbol genealógico y los propios al formar la nueva pareja. Muy probablemente, también sin ser conscientes de ello, arrastramos los estilos parentales que nos educaron en donde las relaciones de abuso, chantaje, violencia, manipulación, obligación y culpa pudieron ser algo habitual en la convivencia cotidiana.

Se trata de una conducta multifactorial en donde el ejercicio de la violencia pudo haberse vivido de forma constante y cotidiana. De hecho, especialistas en resiliencia como Boris Cyrulnik afirman que «vivir en una familia tóxica es peor que vivir en un campo de concentración» (*Aprendemos juntos*, 2018).

A continuación, se presentan los elementos que conforman una dupla a veces invisible, perversa, letal y que generalmente no deja huellas físicas como los golpes, pero que crea un nivel de malestar muy alto acompañado de dolor emocional crónico. Éste es el caso del chantaje emocional y la manipulación en la pareja.

¿Qué es el chantaje y el chantaje emocional?

Chantaje: Presión o coacción que se efectúa sobre alguien para obtener un beneficio, *amenazándolo* con hacer algo que le perjudique (Larousse, pág. 231, 2003). Se trata de una *presión* que ejerce una persona sobre alguien mediante amenazas para obligarlo o condicionarlo a que haga algo de una determinada manera y conseguir de este modo un beneficio (Psicoglobal, 2019).

Chantaje emocional: El chantaje emocional es un término popularizado por la psicoterapeuta Susan Forward, el cual refiere a una forma de **violencia** que consiste en la **manipulación** de una persona sobre la otra utilizando el *miedo*, la *obligación* y la *culpa* (FOG) como dinámicas transaccionales entre el manipulador y el manipulado (Wikipedia, 2020).

Es una forma de maltrato psicológico, es una acción deliberada que intenta causar un daño, que se produce en donde se dan relaciones cercanas de apego y puede darse en la familia, la pareja y los amigos cercanos. Cuando se activan amenazas o advertencias como un acto de violencia, éstas pueden ir desde el engaño, la violencia pasiva (no hablarle a la pareja), chantajear, crear situaciones de celos, de culpa, intimidar, controlar o prohibir, abusar y otras.

¿Cuáles son sus componentes?

El miedo siempre te hace huir hacia el lugar equivocado.
Anónimo

Se forma por una díada chantajista-chantajeado. El prime-
ro utiliza un poder creado simbólicamente para lesionar o vul-
nerar los derechos del otro. Empleando la violencia y el abuso,
debido a que el objetivo principal de todo acto de violencia
es lograr el control de la otra persona, es dominar e imponer
algo.

Tiene conductas violentas. Conviene hacer la distinción
entre agresividad y violencia. Las conductas agresivas son ins-
tintivas y las presentan en general todas las especies y obedecen a sus instintos y a sus estructuras biológicas: es común
verlas cuando una especie protege su territorio, cuando se alimenta o cuando se defiende o defiende a los suyos, como un
mecanismo de defensa.

Así pues, la agresividad es más genética, la violencia es más
social, y en general aprendida (Álvarez, 2018).

**Todas las actividades que realizamos en nuestra vida
cotidiana están asociadas a emociones y sentimientos.** Una
emoción *es una alteración del ánimo intensa y pasajera, agradable o penosa,* que va acompañada de cierta conmoción somáti-
ca. Respuesta compleja del organismo que se activa a partir de
una valoración de acontecimientos externos o internos y *que
produce una triple respuesta neurofisiológica, comportamental y
cognitiva,* que predispone a la acción. Tiene una duración breve: puede durar segundos, minutos, a veces horas, pero poco
más (Punset, Bisquerra y Laymuns, pág. 76, 2018). **Un sentimiento es la emoción hecha consciente.** *Es la componente
cognitiva de una emoción.* Las emociones tienen una duración
breve; los sentimientos pueden alargarse durante toda la vida
con la voluntad. El amor y el odio son ejemplos claros de
sentimientos que pueden durar toda la vida (Punset, Bisquerra y Laymuns, pág. 130, 2018).

Una de las emociones más poderosas que tenemos es el miedo, es una reacción primitiva del cuerpo para pelear o huir. Primero experimentamos las emociones y después pensamos, porque la mente emocional es más rápida que la racional. Por ello en las ilustraciones que vemos entre cerebro (mente racional) y corazón (mente emocional), el primero sale siempre maltrecho.

Necesitamos de las emociones y los sentimientos como mecanismos de supervivencia para enfrentarnos a un mundo hostil. Así, los sentimientos nos avisan y las emociones nos movilizan. En muchas ocasiones, experimentamos una gran dificultad para identificar las emociones debido a que, en su interpretación polisémica, se encuentran bajo diferentes máscaras. **Así, el miedo se presenta como** *alarma, alerta, sentir coacción, cobardía, desorientación, espanto, fobia, horror, indecisión, pánico, pavor, sobresalto sumisión, susto, temor o terror,* entre otras reacciones.

Al momento de nacer, todos emprendemos un viaje que termina con la muerte. En el transcurso de ese camino vamos encontrando las rutas y estaciones que nos toca vivir. En ocasiones nos sentimos perdidos y en otras muy orientados en la ruta. «Los sentimientos de culpa son precisamente las señales que indican al viajero si su rumbo es el correcto. Es un sistema de alerta semejante al que experimentamos en nuestro cuerpo con el dolor físico, que nos avisa que algo anda mal. El sentimiento de culpa es un dolor psicológico igualmente desagradable» (Zabalegui, pág. 13, 2000). **La culpa se convierte en el semáforo moral que nos indica cuándo acertamos o hemos errado el camino en la convivencia con la pareja.**

Resulta por demás interesante un entrelazamiento entre la emoción del miedo y el sentimiento de culpa. Desde el punto de vista evolutivo, el sentimiento de culpa comienza con el miedo a la pérdida del amor. Y en las relaciones de fuerte apego, podemos perder el amor de la madre, el padre o de ambos, los hijos, los amigos, la familia y por supuesto la pareja. Es probable que esto sea el intricando mecanismo para creer cuando alguien nos manipula mediante el chantaje y terminamos cediendo a las demandas del chantajista.

La culpa es un sentimiento poderoso y agudo que nos tortura por lo que hicimos, por lo que dejamos de hacer, por lo que dijimos o pensamos, y aun por lo que tuvimos intención de hacer aunque no lo hayamos hecho (Marulanda, pág. 50, 2010).

Como seres humanos somos relacionales e interactuamos constantemente con los demás con el fin de lograr nuestras metas sociales. Influir en los demás de forma positiva o negativa es algo que aprendemos en el hogar y todos tenemos conductas en las que manipulamos a los demás, y viceversa, ya sea para bien o para mal.

Influimos en los otros en la toma de decisiones, induciéndolos a seguir caminos diferentes e incluso opuestos a como una persona lo hubiera hecho al elegir una decisión propia.

Un manipulador profesional tratará de conseguir sus propios objetivos, sin el consentimiento del otro. El chantajista, el victimario o manipulador, en general, dirige a la víctima, abusando de la relación cercana de apego y aprovechándose del manejo de sus emociones ante la pérdida del amor, del afecto de la cercanía de sus sentimientos y de todo lo que conlleva su interacción social.

No lo hace por casualidad, es un acto deliberado de violencia, arbitrario y abusivo cuyo fin es el ejercicio del poder y el control. Mientras tanto, las personas afectadas podrían tener la sensación de perder materialmente su autonomía y control.

El manipulador, el chantajista o el victimario presentará muchas máscaras o disfraces en un espectro que va de lo aparentemente positivo hasta llegar a lo deliberadamente abierto y negativo. El tipo de violencia que utiliza generalmente es aquella que no deja marcas, pues lo hace básicamente mediante la palabra. Te harán sentir mal, tendrán en las víctimas un efecto negativo, son vampiros de la energía, expertos en influir en tus emociones y sentimientos y, muy probablemente, te romperán el alma.

Sin distinción de género, hombres y mujeres somos chantajistas y manipuladores.

Por último, en esta estructura perversa encontramos el término de la obligación.

Obligación es aquello que una persona está forzada (obligada) a hacer. Puede tratarse de una imposición legal o de una exigencia moral. Éste es un término que se emplea para referirse a la relación o vínculo jurídico que se establece entre dos personas, una acreedora y una deudora (https://definicion.de/, 2021).

Bajo esta perspectiva la pareja te dirá: «Tienes la obligación de mantenerme porque, cuando tuve dinero, yo pagué tus vacaciones», «Tienes obligaciones aquí en la casa, en lugar de estar de visita con tus amigos». «Tienes la obligación de cuidarme porque ahora yo estoy enfermo». «Tienes la obligación de llevar de vacaciones también a mis padres, yo no tengo la culpa de que los tuyos ya no estén vivos».

Algunos indicadores para saber si eres víctima de una pareja manipuladora

Tendemos a no correr riesgos porque
tenemos miedo a lo desconocido,
Pero, en realidad, el miedo a lo desconocido es
miedo a perder lo conocido.
BERNARDO STAMATEAS

- Ya no eres tan feliz y espontáneo como cuando os conocisteis.

- Su presencia te hace sentir un grado de estrés elevado cuando quieres ser libre o hacer tus cosas.

- Tienes una sensación de que la situación no va a mejorar en el futuro.

- Sientes que has perdido tu identidad ante su presencia.

- Dudas de tus propias convicciones y tu mundo es incierto.

- Constantemente sientes miedo de las palabras o acciones que quiere llevar a cabo.

- Tienes un terrible sentimiento de culpa, si no accedes a sus «sugerencias o indicaciones».

- Generalmente, te sientes ante su presencia con baja autoestima o deprimido.

- Sientes que tu relación no va a ningún lado.

Tipos de chantajistas y manipuladores

El que teme sufrir sufre de temor.

PROVERBIO CHINO

En la complejidad de identificar a las personas chantajistas, manipuladoras y tóxicas, se encuentran diferentes máscaras que mutan de forma camaleónica a conveniencia de quien quiere ejercer el poder y controlar a la otra persona. *Van en un espectro de lo bueno casi angelical, hasta lo malo y maquiavélico. En algunos artículos son clasificados como agresivos, autolesionadores, sufridores, víctimas, seductores y los que buscan algo más.* A continuación, citamos algunos ejemplos de ellos:

- **El simpático:** Son las personas sociables y extrovertidas, pueden ser el alma de la fiesta y de la casa. En general, se muestran alegres, por supuesto, simpáticos, joviales, platicadores. Les gusta llamar la atención en lo social, son chistosos y ocurrentes. Sin embargo, dicen que entre broma y broma, la verdad se asoma: son irónicos y con las bromas incomodan y avergüenzan a la pareja. Hablan tanto de la vida cotidiana como de la vida íntima y neutralizan la situación después de dar el golpe.
  — «La comida te quedó tan sabrosa como te enseñé, si no habrías hecho cualquier porquería». «No te molestes es tan sólo una broma». «Parece que no me conozcas, sólo estoy bromeando».

163

- **El supersabio:** Puede haber estudiado o no, pero se cree el más inteligente del mundo y de la galaxia. Einstein es un simple mortal ante su ego. Todos los comentarios de las personas los neutraliza con su super conocimiento. Los cultos hacen referencia a sus títulos y su ego no cabe por las puertas normales. Cuando no ha estudiado, se respalda en los múltiples conocimientos que tiene, los mismos que en general ocultan su baja autoestima. Sin embargo, como no se le puede contradecir o nadie puede saber más que él/ella, la pareja termina cediendo ante su avasallante conocimiento para no discutir. Si en cualquiera de ambos casos aparece una persona realmente experta en el tema o si la pareja comprueba que los comentarios del super sabio están equivocados, hábilmente cambiará de tema.

  — «Todas las cosas que te digo son ciertas; tú ni siquiera estudiaste». «Mejor no vayas al psicólogo, yo te ayudo a resolver todos tus problemas». «Para qué compraste este auto, hubieras comprado uno como el mío, no hay mejor motor que el de ese auto». «El mejor sitio y hotel para ir de vacaciones es… yo lo he comprobado». «Esos comportamientos son cosa de personas estúpidas e ignorantes».

- **El generoso y espléndido:** En principio, como lenguaje del amor, está bien dar, y se dice que siente satisfacción en dar y es como recibir. Cuando alguien da gratis algo a manos llenas, deberíamos desconfiar. Sin embargo, cuando se junta el hambre con las ganas de comer, el generoso y espléndido pedirá reciprocidad, o te cobrará lo que antes te dio como una forma de ma-

164

nipularte. Dicen que el que da manda. Si ya te di, entonces, ahora puedo disponer de ti. Se siente con el derecho de exigir en cualquier aspecto de tu vida: social, sexual, económico, religioso, político… No importa el área. Supone que ya le perteneces por haber sido tan generoso contigo. Casi siempre existe la complicidad de la familia extensa, de los hijos o de la familia política para presionar a la víctima.

— «No puedes renunciar a tu pareja, quién va a pagar todas las cuentas de la casa». «Es una buena persona, qué te cuesta complacerle en lo que te pide». «Sí, te pegó, pero porque le hiciste enojar, ya ves, ahora hasta te ha regalado un auto».

- **La persona inocente de bajo perfil:** Mantiene una participación casi apagada en lo social, imperceptible, esperando que la pareja haga las cosas. Este esquema de participación social es falso. Se muestra como poco exitoso para hacer que los demás hagan las cosas de las que no se hace responsable. Hacerse el tímido o el que no sabe hacer las cosas tiene sus ventajas. «No lo hago yo, para que lo haga la pareja». Con ello hacen creer al victimario que es autónomo en tomar las decisiones, pero no es así. «Es el inteligente que se hace el tonto o incapaz».

— «Ojalá puedas ir a pagar al banco los trámites porque yo no sé utilizar el cajero». «Si tuviera un empleo como el tuyo, no estaría escatimando en los gastos de la casa, pero yo no tengo tu sueldo». «Si sólo me compraras lo que necesito, no lo que quieres regalarme… Con eso demuestras que eres muy egoísta».

- **El dependiente:** Son las personas que piensan por su condición de no autonomía que los demás deben estar a su servicio, en tiempo y forma. Consideran a los demás (pareja, hijos, amigos y familia) como una extensión de su cuerpo y mente para que puedan cumplir sus necesidades y deseos, sin pensar obviamente en los otros. Un aspecto importante, sin ser discapacitados emocionales, es que esperan que todo se los pongan en la mano.

  —«Hoy quería ir al cine, pero como no estás aquí, pues me quedé sin salir y deprimida». «No se puede contar contigo, como siempre estas ocupado con tus cosas y ni hablar, me quedé esperándote».

- **El enfermo o desvalido:** Son personas que encontraron una ventaja psicológica y social al definirse a sí mismas como estrelladas, desvalidas, sin suerte, con desventajas… Son aquellas personas que, por más que se esfuerzan en que las cosas vayan bien, siempre sucede un huracán, un terremoto, un evento desafortunado que destruye todo lo que tienen. Por lo tanto, cargan el karma de ser y sentirse abandonados, desamparados y con mala suerte. Les persigue siempre la soledad, la injusticia, el abandono y las relaciones afectivas que tienen son malas. Como pareja, en general, buscan para hacer sinergia a personas que son el polo opuesto. Y que hacen todo lo posible por rescatar al enfermo o desvalido. La paradoja es que no quieren crecer, esperan que les mantengan, que se hagan cargo de ell@s. Aun teniendo las condiciones óptimas para crecer, no lo harán porque aprendieron tan bien el rol de ser desvalido o enfermo que ése es papel es su ventaja.

— «Ojalá que algún día pueda tener la misma suerte que tú…». «Lo que daría por ser tan independiente como tú». «No me gustaría aceptar el trabajo que me conseguiste porque si me enfermo te haré quedar mal».

- **El irresponsable:** Son especialistas en relegar la responsabilidad en la pareja de una manera sutil y elegante, haciendo creer a la pareja que las cosas negativas que suceden se presentan porque no colabora adecuadamente. Su pericia les lleva siempre a que la pareja termine asumiendo sus responsabilidades.

  — «Quería comprar una camioneta más grande, pero tú no me la quieres compra». «Se me terminó el saldo del teléfono, pero ni por equivocación se te ocurre comprarme un teléfono de plan todo incluido». «Me quedaré con las ganas de ir de vacaciones porque no puedes dejar tu trabajo para llevarme a pasear».

- **El dictador:** Nada se puede mover en la casa, ni en la pareja, sino es con su supervisión. Como buen dictador, carece de empatía, cree que ser una persona segura es pasar por encima de la pareja en todos los órdenes. No respeta los derechos de los demás, pero los suyos siempre deben ser respetados. Modifica las reglas de convivencia a su conveniencia todo el tiempo.

  — «Hoy no salimos a comer porque me siento cansado». Mañana nos iremos de vacaciones». «Te compré este vestido porque los que tienen no me gustan». «Creo que deberías ir pensando en cambiar tu corte de pelo».

- **El voluble:** Lo suyo es confundir a la pareja. Lo que antes odiaba ahora lo ama. Lo que antes amaba ahora lo odia. Si la pareja le sigue el juego le cuestiona que no tiene criterio propio. Cambia constantemente, confundiendo pensamiento flexible con pensamiento caótico.
  — «A partir de mañana nos ponemos a dieta». «¡Pero dijiste que empezaríamos hoy!». «No importa empezaremos mañana».

- **El adivino:** Siente que tiene poderes especiales para adivinar lo que piensa la pareja y todas las personas a su alrededor. Es Nostradamus, en la versión masterizada. Es inflexible y todo lo sabe, simplemente porque lo piensa y así deben ser las cosas: en lo bueno y en lo malo. Fomenta el miedo como mecanismo para que la pareja obedezca.
  — «Te dije que no salieras a la calle», «Sabía que tu madre te contestaría mal, para qué vas con ella», «Ya suponía que iba a temblar hoy porque lo soñé».

- **El seductor:** Muestra todas las dotes de ser adulador, en todos los sentidos: amor, sexo, vida cotidiana… Incluso si la persona está desarreglada, la ve bonita o guapa, con tal de poder influir sobre ella y controlarla. Es cortés, habla bien, es detallista, un poco libertino, se siente el amante ideal o soñado y actúa de esa manera con la pareja. Es cándido, coqueto, encantador, carismático, etc. Y después de mostrarse completamente lind@, te pide que hagas cosas que no querías. Te lava materialmente el cerebro.

— «Me gusta que además de ser hermosa e inteligente, me cumples todas mis fantasías y caprichos». «Si no supiera que eres tan bonita, no te pediría que hicieras esto por mí». «Me fascina tu forma de caminar, podrías pensar en marcar más el busto para que yo esté más feliz contigo».

- **El tóxico, cizañoso o intrigante:** Es la persona que todo el tiempo está generando intriga, mal pensando las cosas y situaciones y, por lo tanto, generando y metiendo pensamientos negativos a los demás. Su interior es tan tóxico que lo único que siembra es la discordia entre las personas y con la pareja. Siempre tiene en mente un comentario negativo, de descalificación hacia los demás. Tergiversa toda la comunicación para hacerla parecer negativa o más negativa de lo que en realidad es.

  — «Cariño, ¿me traes una toalla para secarme?». «Ahí las tienes en la repisa». «¿Acaso estás insinuando que soy un estúpido que no sé dónde encontrarla?». «¿Crees que soy como los imbéciles de tu familia que buscan y nada encuentran?».

- **El perverso o sociópata:** Son personas que no sienten culpa por las malas acciones que llevan a cabo. Les alimenta pensar que alguien puede ser feliz y con alta autoestima. Es el aliciente más importante para tomar velocidad y rebajarlos a la calidad de objetos desechables. Tienen una necesidad imperiosa de dominar, ser admirados y aprobados. Observan a los demás como si no fueran seres humanos. Son ególatras y narcisistas.

Carecen de empatía para detectar las necesidades de los demás y tampoco les importan. Se muestran como personas encantadoras, pero, en realidad, son frías y despiadadas.

— «Amor, ¿por qué no me esperaste para comer?». «No sabía que comías en casa, como casi nunca estás», «Sólo porque ayer no comí aquí no significa que no como en casa, cariño». «Bueno, yo ya comí, tú sírvete».

- **El barril de pólvora:** Es presa de su poco control de sensaciones y emociones. Es incapaz de controlarlas. Se escuda bajo el esquema de que no se deja llevar por los demás. Es competitivo y siempre defiende su punto de vista. Con ello no sólo refleja su gran inseguridad, sino que también atropella en sus comentarios a quien se atreve a llevarle la contraria. Siempre está a la defensiva y aprendió a arreglar las cosas a golpes físicos o de palabra. Es irrespetuoso y nunca pide disculpas si se equivoca. La culpa siempre es de los demás. Todos le hacen enojar y ello incluye a la pareja. Creen que son muy honestos y directos, pero más bien son groseros.

— «No sé por qué eres tan tonta». «Cuántas veces tengo que explicarte cómo…». «La pesada de tu madre ha telefoneado, dice que le llames». «¡De verdad!, ¿cuándo aprenderás a disimular ante tu familia la cara de tonta?».

Principales características

La codependencia es una conducta de carácter adictivo.
Es una forma de adicción como la drogodependencia,
la ludopatía u otras adicciones.

- Son personas tóxicas. Aunque te hagan comentarios o sugerencias para bien, es más bien para el bien propio.

- Son amantes del poder y del control, sobre las opiniones, deseos o necesidades de la pareja.

- Carecen de inteligencia emocional y no les importa.

- Eligen parejas que tienen baja autoestima, si la tienen alta su labor es destruirla.

- Son lobos enfundados en piel de oveja.

- Tuvieron generalmente una impronta familiar tóxica y llena de conflictos.

- Lo que dice la pareja carece de importancia. La única verdad que vale es la suya y adoptarán todas las máscaras disponibles de la manipulación para hacer valer sólo su propia realidad.

Estrategias para el cambio

- No se puede cambiar ninguna conducta, si no se hace consciente.

- Si la pareja con la que estás se dedica a sacar su peor versión y tu peor versión, no es la más indicada. A menos que te gusten las relaciones tóxicas.

- Aprender a ser más asertivos, esto es, aprender la habilidad de expresarse uno mismo y sus derechos sin violar los de los otros. Ello implica aprender a manejar los miedos al abandono, a vivir sin culpas y pensar que no toda la convivencia es por obligación para con el otro.

- Es importante aprender a decir NO, aunque la pareja se moleste.

- Para neutralizar a los chantajistas, necesitas aprender a identificar tus propias emociones.

- La neurociencia social sostiene que el ambiente influye en el cerebro y éste influye en el ambiente. Entonces, para sanar necesitas cortar de tajo las relaciones tóxicas. «No puedes sanar en el mismo ambiente que te enfermó».

- No se trata de ganar o perder en las decisiones de pareja, sino de una sana convivencia, no de una competencia.

Bibliografía

Aprendemos Juntos (2018): «Resiliencia: el dolor es inevitable, el sufrimiento es opcional», consultado el 18 de enero de 2021, en red: www.youtube.com/watch?v=_Iugz PwpsyY

Definición.de (2021): «Definición de obligación», consultado el 18 de enero de 2021, en red: https://definicion.de/obligacion/

Marulanda, Á. (2010): *De la culpa a la calma*. Editorial Betapsi, México.

La prensa latina media (2018): «Conozca la diferencia entre agresividad y la violencia», consultado el 17 de enero de 2021, en red: www.laprensalatina.com/conozca-la-diferencia-entre-agresividad-y-violencia/#:~:text=La%20vio lencia%20es%20diferente%20a,es%20obtener%20con trol%20y%20poder.&text=La%20agresividad%20es%20 m%C3%A1s%20gen%C3%A9tica,sometimiento% 20de%20una%20a%20otra

Larousse (2003): *El pequeño Larousse ilustrado*. Ediciones Larousse, México.

Psicoglobal (2019): «Chantaje emocional: 3 estrategias de neutralización», consultado el 17 de enero de 2021, en red: www.psicoglobal.com/blog/chantaje-emocional-estra tegias

PUNSET E., BISQUERRA R. y LAYMUNS G. (2018): *Diccionario de emociones y fenómenos afectivos*. Edición PalauGea, Valencia.

WIKIPEDIA (2020): «Chantaje emocional», consultado el 17 de enero de 2021. En red: https://es.wikipedia.org/wiki/Chan taje_emocional#:~:text=El%20chantaje%20emocional %20es%20un,el%20manipulador%20y%20el%20mani pulado.

ZABALEGUI L. (2000): *¿Por qué me culpabilizo tanto?* Editorial Desclée De Brouwer, España.

Reflexión final

El universo de las parejas disparejas es inagotable. Cada combinación de pareja es única, aunque todas tienes ejes para poder analizarlas e intervenir en las estrategias terapéuticas. Por lo tanto, no existen soluciones únicas. Sin embargo, en ocasiones la solución es la disolución del vínculo. Como todo grupo social, las parejas nacen, crecen y tienen un tiempo de vida.

Los amores van desde la evanescencia de lo efímero, hasta los que son más fuertes que un roble.

Seguirán quedando muchas dudas sobre este interesante tema. Sin embargo, cada vez más, el uso de la tecnología nos lleva a conocer mejor este interesante tema. El uso de la tecnología, para bien o para mal, nos ha llevado a realizar grandes conquistas, pero también a obtener grandes decepciones.

La interacción social, hoy en día, es casi imposible de sostener si no hay algún dispositivo electrónico que nos la facilite.

Mi más sincera felicitación, si tuviste la oportunidad de llegar hasta aquí. Y espero haber ampliado tu conocimiento en este tema, así como haberte hecho reflexionar para mejorar tu vida en pareja.

Te mando un abrazo y bendiciones.

ÍNDICE

Dedicatoria 7

Prólogo 9

Introducción 13

UNIÓN 25

Capítulo 1. La ciencia de los besos 27

Un beso va mucho más allá que el acto de besar 28

El origen 29

Los tipos de besos 32

Datos curiosos sobre los labios y los besos 35

Efectos externos e internos de los besos 37

Lo externo 37

Lo interno 38

Beneficios de los besos 39

A manera de corolario 40

Referencias 41

Capítulo 2. Amor erótico o amor compañía:
 ¿Cuál es más seguro y confiable para la vida en pareja? . . .43

Antecedentes 43

¿Qué es el amor pasional y el amor romántico? 45

¿Qué buscamos el amor erótico o pasional? 49

¿Qué buscamos en el amor compañía? 50

Datos curiosos y culturales del atractivo físico 50

El entrelazamiento entre el amor pasión y el amor compañía 52

A manera de reflexión final 54

Referencias 55

**Capítulo 3. Las tres «ces» de las relaciones
de pareja saludables** 57

Antecedentes 57

¿Si vivimos un estado tan agradable, entonces,
qué lo desgasta? 60

¿Cuáles son las tres «ces» para mantener sana
una relación de pareja? 64

Reflexión final 68

Referencias 69

UNIÓN- SEPARACIÓN 71

**Capítulo 4. ¿Por qué somos malos con la persona
que amamos?** 73

Antecedentes 73

¿Qué desgasta el amor y nos lleva a la violencia atenuada
con respecto a la persona que amamos? 75

Las evidencias encontradas en las investigaciones 75

La presencia de un trastorno físico o mental 76

Cuando el dinero escasea, ¿el amor se convierte en maltrato? 77

Reflexión final 79

Referencias 81

Capítulo 5. ¿Por qué cuesta tanto decidir dejar una relación? 83

¿Son realmente fuertes los lazos afectivos que nos unen? 83

Sentir atracción por la pareja 87

Llegar a acuerdos con la pareja 90

Sentirse solo 92

Miedo a la separación 94

A manera de corolario 95

Reflexión final 97

Referencias 99

CAPÍTULO 6. ¿Por qué nos enamoramos de las personas malas?: Síndrome de la atracción invertida 101

Antecedentes 101

El origen del síndrome de la atracción invertida 104

¿Se puede hablar de un solo perfil de personas malas? 108

Algunos factores que influyen en la manifestación de los trastornos mentales 108

La impronta de las experiencias tempranas 109

¿Quiénes se corresponden con este tipo de personas? 112

Reflexión final 116

Referencias 117

SEPARACIÓN 121

Capítulo 7. Señales que obstaculizan la separación en la relación de pareja 123

La fragilidad de los vínculos amorosos 123

¿Me separo o no me separo? 126

Relacionadas con el tiempo 128

Relacionadas con las emociones 129

Relacionadas con la interacción social............................ 130

Beneficios de la separación: ¡No todo es negativo! 133

Referencias.. 134

Capítulo 8. Los celos: Es más fácil sentirlos
que entenderlos... 135

Testimonios anónimos.. 135

El conocimiento científico de los celos.......................... 138

Las diferentes definiciones conceptuales de los celos........... 140

Otros enfoques para entender los celos 143

A manera de colofón.. 151

Referencias.. 152

Capítulo 9. El chantaje emocional y la manipulación
en la pareja.. 155

Antecedentes.. 155

¿Qué es el chantaje y el chantaje emocional? 157

¿Cuáles son sus componentes? 157

Algunos indicadores para saber si eres víctima
de una pareja manipuladora................................... 162

Tipos de chantajistas y manipuladores 163

Principales características... 171

Estrategias para el cambio 172

Bibliografía.. 173

Reflexión final 174